BOOSTER VOS VENTES

12 Étapes simples pour des Performances Exceptionnelles

INTRODUCTION

LES NOUVELLES RÉALITÉS DE LA VENTE

Bienvenue dans le monde de la vente ! De plus en plus de personnes gagneront de l'argent et connaîtront une réussite financière dans les mois et les années à venir grâce au métier de vendeur. Au moins 5 % des millionnaires autodidactes sont des vendeurs qui ont commencé au bas de l'échelle, sont devenus très bons dans leur domaine. Ils ont gagné des revenus élevés et sont devenus riches. En parallèle, d'autres experts, consultants ou professeurs ont pu générer des revenus complémentaires en partageant leur savoir via la promotion et la vente de leurs propres cours en ligne. Et ce que des centaines de milliers, voire des millions d'autres personnes ont fait, vous pouvez le faire aussi. Il vous suffit d'apprendre comment.

J'ai condensé dans cette formation tout ce que j'ai appris de mon expérience de vente de produits et services en ligne. Tout ce qui va suivre est éprouvé, simple et pratique. Ce cours est conçu pour vous aider à réaliser des ventes plus rapidement et plus facilement quel que soit votre marché.

Vendre sur les marchés aujourd'hui et demain

La bonne nouvelle est que le succès commercial est assez prévisible. Lorsque vous faites ce que font d'autres personnes qui réussissent, vous obtiendrez bientôt les mêmes résultats qu'eux.

La première étape consiste à comprendre les facteurs les plus importants qui déterminent le succès ou l'échec des ventes sur le marché actuel.

Charles Darwin a écrit que « la survie n'appartient pas au plus fort ou au plus intelligent, mais à celui qui s'adapte le mieux au changement ». Le marché a radicalement changé et continue de changer, et vous devez évoluer avec lui.

Les sept nouvelles réalités

Il existe sept faits que vous devez intégrer dans votre réflexion et dans vos actions pour obtenir des résultats de vente et des revenus réalistes.

Il y a plus de vendeurs que d'acheteurs dans tous les domaines.

- La vente est de plus en plus complexe.
- Vendre nécessite plus de concentration et de clarté.
- Vendre nécessite une plus grande préparation.
- Les clients sont plus exigeants.
- Le succès des ventes nécessite plusieurs étapes.
- Conclure la vente est de plus en plus difficile.

Il y a plus de vendeurs que d'acheteurs dans chaque domaine

Premièrement: La réalité d'aujourd'hui, dans tous les domaines, c'est qu'il y a plus de vendeurs que d'acheteurs. La concurrence est plus féroce et plus déterminée que jamais. Il y a moins d'argent disponible pour un assortiment de produits et de services en constante expansion.

La vente est de plus en plus complexe

Deuxièmement, vendre est plus complexe que par le passé. Les offres de produits et de services, les prix et les capacités des entreprises sont plus complexes que jamais. Les besoins, les désirs et les problèmes des clients sont plus complexes. Aujourd'hui, vous avez besoin de contacter votre client à plusieurs reprises pour réaliser une vente. Mais demain, vendre vos services ou vos produits deviendra encore plus complexe et plus exigeant. Vous allez devoir courir plus vite juste pour rester au même endroit.

La clarté est essentielle

Troisièmement, la vente nécessite plus de concentration et plus de clarté qu'auparavant. Vous devez développer une connaissance absolue de votre client idéal–c'est-à-dire la personne qui peut et achètera votre produit ou service dans les plus brefs délais. Vous devez restreindre vos efforts à une petite partie de la population parfaitement ciblée. Vous ne pouvez pas vous permettre de passer du temps à convaincre des gens qui ne peuvent pas ou ne veulent pas acheter ce que vous vendez.

Une fois que vous avez réfléchi et identifié votre client idéal, vous devez alors vous demander : "Pourquoi votre client idéal achèterait-il chez vous plutôt que chez vos concurrents ? Quel est votre avantage concurrentiel ?" C'est à ce stade que vous allez rédiger votre proposition de valeur.

Chaque année, des petites et des grandes entreprises dépensent plusieurs milliards d'euros en études de marché pour tenter de répondre à ces questions. Plus vous aurez une idée claire des besoins de votre client parfait, plus vous trouverez ces clients idéaux rapidement. Se concentrer sur votre meilleur client potentiel est la clé pour entrer dans le club des personnes qui gagnent réellement de l'argent en ligne.

La crédibilité signifie être préparé

Quatrièmement, c'est un fait que vendre aujourd'hui nécessite une plus grande préparation. Il est absolument essentiel que vous effectuiez vos recherches sur les clients avant de faire appel à eux pour la première fois. Heureusement, avec Google et d'autres moteurs de recherche en ligne, vous pouvez effectuer des recherches plus efficaces et plus rapides sur les personnes et les entreprises que jamais auparavant dans l'histoire de l'humanité. En quelques clics, vous pouvez accéder à des informations qui nécessitaient auparavant des heures de recherche.

Maintenant, à votre avis : « Quel est le facteur le plus important pour vendre aujourd'hui ? Quel est le facteur qui détermine combien vous vendez, à quelle vitesse vous le vendez, combien vous gagnez, la taille de votre compte bancaire, la maison dans laquelle vous vivez, la qualité de votre vie et tout ce qui vous arrive personnellement et financièrement ? Quel est le seul facteur ?

La réponse est : « La crédibilité ! » Votre crédibilité auprès du client est plus importante que tout autre facteur. Plus le client vous fait confiance et vous croit, moins il craint de commettre une erreur d'achat. Plus le client vous fait confiance, plus il lui est facile d'acheter chez vous. En fait, lorsque votre niveau de crédibilité est suffisamment élevé, le client achètera chez vous sans même vous demander le prix.

Et mieux vous êtes préparé, plus grande sera votre crédibilité dès le premier rendez-vous. Faites une « préparation préalable à l'appel ». Découvrez tout ce que vous pouvez sur vos clients avant de les rencontrer pour la première fois. Lorsque vous rencontrez des prospects et que vous expliquez à quel point vous êtes impressionné par leurs réalisations, et que vous pouvez mentionner quelques détails sur l'individu et l'organisation, votre crédibilité montera en flèche. Le client sera plus ouvert et intéressé à vous parler parce que vous avez visiblement fait vos devoirs.

plus, avant l'appel, réfléchissez et planifiez exactement ce que vous allez faire et ce que vous voulez accomplir lors de l'appel de vente. Mieux vous serez préparé, plus vous serez concentré et logique lorsqu'il s'agira de poser des questions lors d'une conversation. Votre expertise impressionnera votre client potentiel.

Enfin, notez rapidement tout ce qui a été discuté lors de l'appel immédiatement après avoir quitté le prospect. Vous serez encore plus à l'aise au second entretien parce que vous aurez soigneusement examiné vos notes des réunions précédentes. Vous serez de plus en plus professionnel. Votre crédibilité montera directement en flèche.

Le dernier avantage de la préparation, outre le renforcement rapide de votre crédibilité dès le premier appel, est qu'elle vous donne un immense sentiment de confiance en vous. Et la confiance en soi est un ingrédient psychologique essentiel pour réussir une vente.

Les clients sont plus exigeants

Une cinquième réalité est que les clients sont aujourd'hui beaucoup plus exigeants. Pourquoi? Parce qu'ils peuvent l'être ! Et vous pourrez le constater par vous-même, ils seront encore plus exigeants dans les semaines et les mois à venir.

Les clients d'aujourd'hui sont plus sceptiques et méfiants en raison de leurs expériences d'achat antérieures. Ils craignent d'acheter le mauvais produit, de payer trop cher, de recevoir trop peu et de se retrouver laissés pour compte après la vente, comme cela leur est arrivé dans le passé.

Les clients reçoivent également de multiples offres de produits et services. Vos concurrents font continuellement appel à eux. Dans leurs moments libres, vos clients peuvent accéder à Internet et trouver toutes les variantes de votre produit ou service disponibles dans le monde, et aux prix les plus bas possibles.

Autrefois, le vendeur était l'expert lorsqu'il faisait appel à un prospect. Il en savait plus sur son produit ou service et sur les concurrents du marché que sur le client. Aujourd'hui, les rôles sont inversés. Les clients en savent autant, voire plus, que le vendeur, et ce qu'ils ne savent pas, ils peuvent le découvrir en quelques secondes.

Enfin, les clients sont plus exigeants car ils disposent de ressources limitées. Ils n'ont pas des montagnes d'argent qui leur permettraient de commettre une erreur d'achat. En conséquence, ils progressent plus lentement. Ils remettent en question chacune de vos affirmations. Ils comparent votre offre avec celles de vos concurrents. Ils tergiversent et retardent toute décision d'achat.

Vente à appels multiples

Sixièmement. De nos jours, il faut plusieurs appels pour conclure une vente. Lors de mes toutes premières ventes, le processus de vente consistait en un simple appel. Je rencontrais un prospect, je posais des questions de qualification, ensuite je faisais mon argumentaire de vente et je lui proposais une décision d'achat. Mon produit numérique n'était pas très cher et le risque de prendre une mauvaise décision était faible. Aujourd'hui, cependant, en raison de l'incroyable complexité du marché moderne et à cause de l'importance de la concurrence sur le marché, vous devez faire en moyenne quatre ou cinq appels à un prospect qualifié pour réaliser une vente, et à chacune de ces réunions, le processus de vente peut s'arrêter brusquement à cause d'une nouvelle information.

Votre premier contact sert simplement à démarrer une relation et à découvrir le problème de votre prospect. Vous serez ainsi s'il existe un besoin pour votre produit ou service. Le but du premier appel est de séparer les prospects des suspects. Les deuxième et troisième contacts ont pour but d'obtenir plus d'informations, de lever les objections, de faire une présentation ou de présenter une proposition. Les quatrième et cinquième contacts avec le prospect peuvent être destinées à négocier, finaliser le contrat d'achat et conclure la vente.

Les meilleurs vendeurs utilisent ce qu'on appelle la « méthode de vente par étapes ». Ils notent soigneusement le stade auquel se situe la vente, sachant que pour un certain nombre de prospects qui débutent le processus, un certain pourcentage deviendra effectivement client à la fin du processus. La question est : où en êtes-vous dans le processus de vente ? Est-ce votre première rencontre ? Est-ce votre deuxième ou troisième rendez-vous ? Où en êtes-vous pour réaliser la vente et percevoir le paiement ? C'est ce que l'on appelle le parcours d'achat du client ou Customer Journey.

Clôture de la vente

Septièmement. Conclure une vente est plus difficile aujourd'hui qu'avant. Les clients disposent de moins de ressources et sont réticents à changer ou à essayer quelque chose de nouveau. Même si votre produit ou service est attrayant, le client doit sortir de sa zone de confort avant de vouloir commencer à utiliser quelque chose de nouveau ou de différent. À cela s'ajoutent les "coûts du changement", qui peuvent être mentaux, physiques et financiers. Parfois, du point de vue du client, acheter votre produit ou service est tout simplement trop compliqué.

Il existe d'autres raisons pour lesquelles la conclusion d'une vente est plus difficile que jamais. Nous appelons cela les « règles ».

- **La première règle est : "Aucune autorité ? Pas de vente !"** Cela signifie que si la personne à qui vous parlez n'a pas le pouvoir de prendre la décision d'achat, elle n'a d'autre choix que de vous repousser avec un : « Laissez-moi y réfléchir ».

- **La deuxième règle : "Pas d'argent ? Pas de vente !"** Si vos prospects ne peuvent tout simplement pas se permettre votre produit ou service, alors peu importe son attrait ou son intérêt pour le produit, aucune vente ne peut avoir lieu.

La troisième règle est : "Pas besoin ? Pas de vente !" L'une des principales raisons pour lesquelles les prospects qualifiés n'achètent pas un produit est qu'ils ne comprennent pas à quel point leur vie et leur travail pourraient être meilleurs s'ils avaient votre produit. Soit vous n'avez pas augmenté l'intensité de son désir d'achat et rendu le produit ou le service suffisamment attrayant, soit le client estime que l'augmentation de la valeur est trop faible pour justifier le temps et les dépenses nécessaires à l'achat de votre produit ou service.

La règle finale : "Pas d'urgence ? Pas de vente !" Si les clients craignent de prendre une mauvaise décision d'achat, et si vous leur donnez l'occasion de retarder la décision, ils le feront. C'est pourquoi vous devriez toujours avoir une "raison supplémentaire" pour que le client achète aujourd'hui plutôt que de reporter l'achat à plus tard. Parfois, nous appelons cela un "kicker". Vous pouvez proposer une livraison gratuite, des services supplémentaires, des remises ou des rabais spéciaux, ou une plus grande rapidité de livraison. Mais vous devriez toujours avoir un argument magique dans votre poche que vous pourrez sortir à la fin de la conversation commerciale pour faciliter l'achat immédiat à votre client.

Ce sont quelques-unes des nouvelles réalités dans la vente. Chaque vendeur aujourd'hui est confronté à ces mêmes réalités. Ce sont des faits de la vie. Adaptez-vous et ajustez le tir!

Apprenez ce que vous devez apprendre

Votre travail consiste à apprendre ce que vous devez apprendre et à faire ce que vous devez faire pour devenir l'un des professionnels de la vente les plus performants et les mieux payés dans votre domaine. Heureusement, les réponses ont toutes été trouvées. Il n'y a pas de secret. Votre travail consiste à faire ce que font les vendeurs les plus performants, encore et encore, jusqu'à ce que vous maîtrisiez les mêmes compétences. La bonne nouvelle est que vous commencerez à obtenir de meilleurs résultats de vente dès le premier jour où vous appliquez ces idées pratiques et éprouvées.

EXERCICES

- Quels sont les principaux facteurs dans notre monde en évolution rapide qui affectent vos ventes aujourd'hui ?

- Que devriez-vous commencer à faire, ou à faire davantage, pour réussir sur les marchés de demain ?

- Quels sont les changements les plus importants qui affectent vos ventes ?

- Quelles sont les trois caractéristiques du client idéal susceptible de vous acheter le produit ou le service que vous vendez ?

- Quelles sont les choses les plus importantes que vous devez savoir sur vos clients avant de rentrer en contact avec eux ?

- Pourquoi les clients qualifiés n'achètent-ils pas chez vous ? Qu'est-ce qui les retient ?

- Que pouvez-vous faire pour créer un sentiment d'urgence chez vos prospects afin de les encourager à prendre une décision d'achat immédiate?

Et enfin, quelle action allez-vous entreprendre à la suite de ce que vous avez appris dans l'introduction de ce cours ?

CHAPITRE 1

LA PSYCHOLOGIE DE LA VENTE

Pourquoi certains vendeurs réussissent-ils mieux que d'autres ?

Quand j'ai commencé à vendre il y a de nombreuses années en tant qu'indépendant complémentaire, j'ai galéré pendant des mois. Je gagnais à peine assez pour rembourser mes frais de fonctionnement alors que tout autour de moi d'autres vendeurs vendaient et gagnaient beaucoup plus que moi. Pourtant, ils ne semblaient pas plus intelligents que moi et ils ne travaillaient certainement pas autant que moi.

Ma première percée a été la découverte de **la règle des 80/20. Il indique que 20 pour cent des vendeurs réalisent 80 pour cent des ventes et gagnent 80 pour cent de l'argent.** Cela signifie que le revenu moyen des 20 pour cent les plus riches est seize fois supérieur au revenu moyen des 80 pour cent les plus pauvres.

Lorsque j'ai entendu cette statistique pour la première fois, j'ai été à la fois inspiré et découragé. J'étais découragé. L'idée de faire partie du top 20 pour cent était excitante mais écrasante. Je ne pensais tout simplement pas que cela serait possible pour moi.

Ensuite, j'ai appris un autre fait : **chaque personne appartenant aux 20 pour cent les plus riches a commencé dans les 20 pour cent les plus pauvres**. Tous ceux qui se portent bien aujourd'hui se portaient mal autrefois.

J'ai immédiatement pris la décision d'être dans le top 20 pour cent. J'ai appris plus tard que prendre une décision, quelle qu'elle soit, puis mettre en œuvre cette décision, est souvent un tournant dans votre vie. Si je ne prends pas la décision de figurer parmi les 20 pour cent les plus performants, cela n'arrivera tout simplement pas. Vous n'arriverez pas au sommet de votre domaine par chance ou par hasard. Les gens qui arrivent au sommet dans n'importe quel domaine y parviennent après avoir pris une décision, puis ils soutiennent cette décision par un travail acharné, mois après mois et année après année, jusqu'à ce qu'ils fassent de cette décision une réalité.

Il faut environ sept ans et/ou 10 000 heures de dévouement et de travail constant pour atteindre le sommet de son domaine. Cela ne signifie pas que vous devez travailler comme un acharné et rentrer épuisé à la maison chaque jour pendant sept ans. Cela signifie que vous allez consacrer tout votre cœur à devenir chaque jour meilleurs que la veille. Vous devez prendre pour habitude d'améliorer vos compétences au quotidien. Il ne faut pas voir cela comme un sprint mais plutôt comme un marathon.

Lorsque je partage ces statistiques, je perçois régulièrement de la déception de la part des vendeurs présents. Ils me disent : "Mais j'ai trente ans aujourd'hui. Vous dites qu'il me faudra de sept à dix ans pour arriver au sommet dans mon domaine. Je dois donc attendre d'avoir sept à dix ans de plus."

C'est vrai. Mais ensuite je demande : "**Comment imaginez- vous votre situation dans sept ans?**"

Le fait est que le temps va passer de toute façon. Dans sept ans, vous aurez sept ans de plus. La seule question est de savoir si vous serez au sommet de votre domaine et parmi les personnes les mieux payées du secteur. Le train en direction de votre avenir rêvé est en gare et vous êtes sur le quai. Allez-vous embarquer immédiatement où attendre indéfiniment le train suivant? Quelle est la voie la plus rapide? C'est entièrement une question de choix personnel.

N'oubliez pas que vous pouvez acquérir toutes les compétences dont vous avez besoin pour atteindre n'importe quel objectif que vous pouvez vous fixer. **Toutes les compétences de vente s'apprennent.**

Tous les professionnels doués dans la vente ont été, à un moment donné, novice dans leur domaine. Bon nombre des meilleurs vendeurs que je connais étaient très mauvais dans la vente lorsqu'ils ont commencé et, en plus, ils étaient terrifiés à l'idée de prospecter. Aujourd'hui, cependant, ils comptent parmi les personnes les plus positives, les plus confiantes et les mieux payées de notre société. Et ce qu'ils ont fait, vous pouvez le faire aussi.

Confiance en soi et estime de soi

Tout comme 20 pourcents des vendeurs réalisent 80 pour cent des ventes et gagnent 80 pour cent de l'argent, la règle des 80/20 s'applique également aux individus mais d'une manière un peu différente. Il se dit que 80 pour cent du succès est mental et émotionnel, et 20 pour cents seulement sont techniques et physiques.

Le facteur de réussite le plus important du commercial, quel que soit le domaine, le marché ou le produit ou service, c'est la confiance en soi. Lorsque vous avez une confiance inébranlable en vous-même et en votre capacité à réussir, vous devenez imparable. Vous êtes une force de la nature. Plus vous avez confiance en vous, plus vos objectifs seront ambitieux, plus rapidement vous surmonterez les rejets et les déceptions, et plus vous obtiendrez de résultats rapidement.

Ce que j'ai également découvert, c'est que la confiance en soi est déterminée par l'estime de soi. Votre estime de soi peut être définie comme "le degré auquel vous vous appréciez".

Plus vous vous aimez, plus vous avez confiance. Plus vous vous aimez, plus vous aimez les autres, y compris vos clients. Plus vous aimez vos clients, plus ils vous apprécient en retour, et plus ils sont prêts à acheter chez vous et à vous recommander auprès de leurs amis.

Le pendant de l'estime de soi est connu sous le nom d'»efficacité personnelle». Celle-ci se réfère à la qualité de votre performance dans vos activités. Plus vous vous appréciez, mieux vous accomplissez vos tâches. Et plus vous excellez dans votre travail, plus vous vous appréciez. L'estime de soi et l'efficacité personnelle se nourrissent mutuellement et s'amplifient l'un l'autre. Elles se renforcent mutuellement.

Les psychologues soutiennent que chacune de vos actions dans la vie influence, d'une manière ou d'une autre, votre estime de soi. Quasiment tout ce que vous entreprenez a pour but soit de renforcer votre estime de soi, soit de la préserver contre toute diminution causée par autrui ou par des circonstances. L'estime de soi constitue le «cœur nucléaire» de votre personnalité, déterminant vos niveaux d'optimisme, de respect de soi et de fierté personnelle.

Tout ce que vous faites pour développer votre estime de soi renforce également votre confiance en vous. Lorsque vous vous aimez vraiment et que vous vous considérez comme une personne précieuse et importante, vous devenez plus positif et plus joyeux et vous n'avez absolument plus peur d'appeler les clients et de leur demander d'acheter chez vous.

Sept étapes vers la forme mentale

Votre niveau d'estime de soi est votre niveau de "forme mentale". La forme mentale peut être comparée à la forme physique. Pour être en forme physiquement, vous faites un peu d'exercice. Pour avoir une bonne forme mentale, vous pouvez vous exercer mentalement de différentes manières. Pour développer des niveaux élevés de confiance en soi et d'estime de soi dans la vente, vous devez apprendre à penser et à agir comme les vendeurs les plus positifs et les plus performants jusqu'à ce que votre confiance en soi devienne si élevée que vous deveniez imparable.

Les personnes ayant une haute estime d'elles-mêmes peuvent vendre sur n'importe quel marché. Les personnes ayant une faible estime d'elles-mêmes ne peuvent pas vendre, même sur les meilleurs marchés. L'estime de soi est la clé.

Il existe sept étapes pour être en bonne santé mentale dans la vente et pour améliorer la façon dont vous pensez et ressentez votre potentiel. Pour devenir un excellent vendeur, vous devez être :

1. Ambitieux
2. Courageux
3. Engagé dans votre travail
4. Professionnel
5. Responsable
6. Bien préparé pour chaque appel
7. Apprendre en continu

En pratiquant chacun de ces principes encore, vous finirez par vous forger un mental d'acier.

Les meilleurs vendeurs sont ambitieux

Ils ont un désir intense de réussir dans la vente. C'est peut-être la qualité la plus importante de toutes pour réussir dans la vente ou dans tout autre domaine. Après vingt-deux ans d'étude des personnes les plus prospères d'Amérique, Napoléon Hill a conclu que le « désir ardent » était le point de départ de tout succès et de toute richesse. Cela n'a jamais changé au cours de l'histoire.

Si vous voulez réussir, vous devez avoir faim !

Si vous êtes suffisamment ambitieux et déterminé pour atteindre vos objectifs et réussir, rien ne peut vraiment vous arrêter. Vous devez avoir un haut niveau d'ambition pour réussir à vendre. L'ambition est le carburant de la réussite. Plus vous avez d'ambition et de dynamisme, plus vous surmonterez les obstacles de la vie. L'important ce n'est pas la chute, mais la capacité de se relever rapidement et de continuer jusqu'à atteindre enfin vos objectifs.

Décidez d'être le meilleur.

Quatre-vingts pour cent des personnes qui débutent dans la vente considèrent cette activité comme une activité intérimaire. Ils cherchent constamment autre chose à faire. En conséquence, ils ne se consacrent jamais de tout leur cœur à la vente. Ils ne deviennent jamais excellents et ne réussissent jamais vraiment. Ils font du surplace pendant la majeure partie de leur carrière commerciale.

Mais les personnes les plus importantes sont différentes. Ils se lancent dans la vente, généralement par hasard, puis à un moment donné, quelque chose de merveilleux leur arrive. Une lumière s'allume. Ils regardent autour d'eux et ils s'aperçoivent qu'en devenant bons en vente, ils peuvent atteindre tous leurs objectifs. S'ils deviennent les meilleurs dans cette profession, ils peuvent gagner plus d'argent que d'autres professionnels ayant de nombreuses années d'études universitaires.

À ce moment-là, leurs post-combustions entrent en jeu. Ils prennent réellement la décision d'être les meilleurs en vente. Ils mettent toute leur énergie à apprendre, à écouter et à suivre des cours. Et chaque fois qu'ils apprennent et qu'ils appliquent une nouvelle idée, leurs résultats commerciaux s'améliorent. Cela alimente à son tour leur ambition et augmente leur détermination à réussir. Voici bune des grandes découvertes : **Si vous ne vous engagez pas pleinement envers l'excellence, vous acceptez la médiocrité.** Atteindre l'excellence ou une performance exceptionnelle dans votre domaine demande de nombreuses années d'efforts soutenus visant à vous améliorer continuellement.

Le bonheur est la réalisation progressive d'un objectif ou d'un idéal louable. Lorsque vous vous engagez à être le meilleur dans votre domaine et que vous travaillez à vous améliorer chaque jour, vous commencerez à voir des résultats presque immédiatement.

Votre niveau d'ambition et votre détermination à être le meilleur dans votre domaine est la nitroglycérine qui fait exploser votre potentiel au fil du temps.

Les meilleurs vendeurs sont courageux

Ils sont continuellement confrontés aux peurs qui retiennent la plupart des gens. **Si l'ambition est le moteur du succès, alors le courage est le moyen de débloquer l'ambition, car la peur est le principal obstacle au succès.**

J'ai toujours été étonné de découvrir que la peur de l'échec est le plus grand obstacle au succès et au bonheur dans la vie adulte. Ce n'est pourtant pas un échec qui vous paralyse. Tout le monde échoue encore et encore. Mais c'est plutôt la peur de l'échec qui paralyse la performance.

La peur de l'échec, quel qu'il soit, même imaginaire, freine votre potentiel. Cela vous empêche d'agir. La peur de l'échec vous amène à procrastiner, à retarder et à éviter toute situation dans laquelle vous pourriez ne pas réussir, en particulier les situations de vente.

Votre vie peut radicalement changer lorsque vous prenez également l'habitude de faire les choses que vous craignez, jusqu'à ce que la mort de la peur soit certaine.

Glenn Ford a écrit que "si vous ne faites pas ce que vous craignez, la peur contrôle votre vie".

Le fait est qu'**il est impossible de réussir sans échouer.** Les personnes les plus performantes échouent plus souvent que les autres personnes aux résultats moyens. Personne n'aime échouer, mais tous se rendent compte qu'il est impossible d'atteindre leurs objectifs à moins d'être prêts à échouer encore et encore au cours du voyage.

Tout comme vous devenez ce à quoi vous pensez la plupart du temps, il est également vrai que vous devenez ce que vous vous dites la plupart du temps. Il existe quatre mots magiques que vous pouvez répéter encore et encore pour renforcer votre confiance en vous et réduire la peur de l'échec. Dites-vous "Je peux le faire ! Je peux le faire! Je peux le faire!»

Chaque fois que vous hésitez à sortir et à faire quelque chose qui vous fait peur, vous pouvez neutraliser cette émotion suffisamment longtemps pour agir en répétant avec insistance ces mots : "Je peux le faire"

Vaincre la peur du rejet.

La seconde crainte qui entrave votre succès est la peur du rejet. Un bon nombre de nos problèmes émotionnels à l'âge adulte trouvent leurs racines dans un sentiment de rejet affectif durant l'enfance. Si vous avez grandi dans un environnement peu encourageant ou favorable, il est possible que vous ayez développé à l'âge adulte des sentiments d'insécurité considérables, voire une hypersensibilité. Cela vous rend vulnérable aux pensées, aux opinions et aux attitudes des autres, qu'elles soient réelles ou imaginaires.

Dans le domaine des ventes, la peur du rejet constitue le plus grand obstacle au succès des ventes. À moins que vous ne parveniez à surmonter cette peur du rejet, il vous est impossible de réaliser votre véritable potentiel en tant que professionnel de la vente.

Heureusement, vous pouvez délibérément jouer des tours à votre esprit. Vous pouvez vous reprogrammer de manière qu'au lieu de craindre le rejet, vous l'attendiez avec impatience. Vous avez presque hâte de vous lever et d'être rejeté chaque matin car vous vous y êtes préparé mentalement.

Le rejet n'est pas personnel. Vous pensez probablement : Lorsqu'une personne rejette votre offre de produit ou de service, cela n'a rien à voir avec vous. C'est simplement une réponse totalement impersonnelle à une offre commerciale dans une société compétitive.

Lorsque vous faites appel à de nouveaux prospects et qu'ils répondent de manière négative, cela ne dit rien sur votre véritable valeur ou votre estime de soi. Le prospect auquel vous faites appel ne sait même pas qui vous êtes, ni quoi que ce soit d'autre sur vous. **Le rejet est totalement impersonnel, neutre et ne vous concerne pas du tout.**

Dès que vous aurez assimilé cette vérité, votre activité commerciale augmentera considérablement.

Les meilleurs vendeurs sont engagés dans leur travail

Les personnes qui réussissent le mieux dans tous les domaines, y compris et surtout dans la vente, sont totalement engagées dans ce qu'elles font. Ils mettent tout leur cœur dans leur travail et s'efforcent continuellement de bien le faire et de s'améliorer.

Il existe une relation directe entre votre confiance en l'importance de ce que vous faites et votre capacité de persuasion à présenter et à vendre vos produits aux autres. Pour commencer, **les meilleurs vendeurs croient en leur entreprise**. Ils croient que leurs entreprises sont d'excellentes organisations et sont fiers de travailler pour elles.

Les meilleurs vendeurs croient en leurs produits et services. Ils estiment que les produits et services qu'ils proposent sont les meilleurs du marché. Ils croient que leurs produits et services peuvent aider les gens à améliorer leur vie et leur travail. Ils croient tellement en leurs produits qu'ils les utilisent eux-mêmes autant que possible. Ils les vendent avec enthousiasme à leur famille et à leurs amis et en parlent en termes élogieux chaque fois que leurs produits et services entrent dans la discussion.

Les meilleurs vendeurs veulent sincèrement aider leurs clients. Ils se considèrent comme des personnes soucieuses de leurs clients et ils recherchent toujours des moyens d'améliorer leur vie grâce à leurs produits et services. Un autre élément essentiel de l'engagement est que les meilleurs vendeurs se soucient de leurs clients. Les professionnels de la vente les mieux payés sont émotionnellement impliqués dans leurs produits et services, d'une part, et dans leurs clients, d'autre part. Ils souhaitent profondément faire une différence dans la vie de leurs clients avec ce qu'ils vendent.

Enfin, **les meilleurs vendeurs croient en eux-mêmes et en leur capacité à réussir.** Ils ont une confiance presque inébranlable dans leur capacité à atteindre leurs objectifs et à surmonter les obstacles. Ils sont confiants, positifs et irrésistibles.

Les meilleurs vendeurs sont des professionnels

Lorsque j'ai commencé à vendre des services financiers, j'ai mis les mots "Représentant commercial" sur mes cartes de visite. C'est ainsi que je me voyais, et c'est ainsi que mes prospects et clients me voyaient également.

Puis un jour, j'ai décidé de changer ma description en "Consultant". J'ai jeté mes cartes de visite existantes et j'en ai obtenu de nouvelles avec le titre "Consultant & Kick Starter" au recto de la carte. C'était assez incroyable ! À partir de ce jour, je me suis considéré comme un consultant : un conseiller professionnel, un conseiller et un guide pour mes clients dans l'organisation de leur entreprise et de leurs investissements. Et mes clients ont également réagi différemment. Lorsqu'ils ont vu le titre de "Consultant & Kick Starter" sur ma carte, ils m'ont traité différemment. Au lieu d'être sceptiques et méfiants, ils étaient plus ouverts, et plus intéressés par ce que j'avais à dire.

Devenez consultant

Les meilleurs vendeurs se considèrent comme des consultants et des conseillers–pas seulement en tant que vendeurs. Comment devient-on consultant ? Simple. Vous vous comportez comme un consultant dans chaque interaction client. Comment les vendeurs consultent-ils ? **Ils posent de bonnes questions et écoutent attentivement les réponses.** Ils cherchent à comprendre plutôt qu'à être compris. Ils se concentrent attentivement sur le client et ils recherchent des moyens de comprendre sa situation afin de pouvoir faire de bonnes recommandations pour l'aider à atteindre ses objectifs plus rapidement ou plus simplement.

Les vendeurs consultatifs recherchent les problèmes des clients qu'ils peuvent résoudre. Votre client ne recherche pas un produit ou un service particulier, ils recherchent un résultat: Il faut lui proposer la solution irrésistible à un problème ou combler rapidement un de ses besoins. Leur première tâche dans la conversation commerciale est de découvrir le véritable besoin et de comprendre ce qui est nécessaire pour satisfaire ce besoin.

Les consultants se considèrent comme travaillant pour le client plutôt que pour eux-mêmes. Par exemple, si vous n'avez pas de solution à offrir à votre client, retirez-vous de la transaction. N'essayez pas de vendre à tout prix car vous risquez de perdre sa confiance. Vous vous rattraperez une prochaine fois.

La partie la plus difficile pour devenir consultant plutôt que vendeur est peut-être d'avoir le courage de se qualifier de consultant pour la première fois. Si vous vous voyez et vous considérez comme un consultant et que vous vous décrivez comme un consultant auprès de vos clients, ils accepteront que vous soyez un consultant et vous traiteront en conséquence.

(Pour en savoir plus sur ce qu'il faut pour être consultant, voir le chapitre 5 sur "Vendre de manière consultative".)

Les meilleurs vendeurs sont responsables

Le point de départ de la grandeur personnelle commence dès lors que vous assumez pleinement la responsabilité de votre vie et de tous ses événements. Cela correspond à un principe de la règle des 80/20. Les 20 pour cent des plus performants dans tous les domaines se considèrent comme des travailleurs indépendants. Ils se considèrent comme responsables de leur propre vie.

Lorsqu'on est indépendant, on se considère comme le président d'une entreprise avec un seul salarié–soi-même. Vous êtes responsable de la vente d'un produit–vos propres services personnels–dans un marché concurrentiel. (Dans le prochain chapitre, j'expliquerai plus en détail comment être président de You, Inc.)

Les meilleurs vendeurs se considèrent comme les présidents de leur propre société de vente personnelle.

Les meilleurs vendeurs ne se plaignent de rien, en particulier de leur entreprise, de la concurrence ou des défis liés à la vente sur un marché difficile. Les meilleurs vendeurs ne critiquent pas les autres, en particulier leurs concurrents. Les meilleurs vendeurs refusent de trouver des excuses. Au lieu de chercher des excuses, ils progressent.

En particulier, les professionnels responsables ne rejettent la responsabilité sur qui que ce soit.

Prenez tout en charge

En tant que présidents de leur propre société de services personnels, **les meilleurs vendeurs sont en charge de tous les aspects de l'entreprise.** Ils sont chargés de l'établissement des objectifs et de la planification stratégique. Ils sont responsables du contrôle qualité et de l'amélioration continue. Ils sont responsables du marketing, des ventes et de la génération de revenus. Ils sont responsables de leurs finances et de toutes leurs activités. Surtout, et c'est le plus important, ils sont responsables des résultats.

Les meilleurs vendeurs acceptent la responsabilité de planifier et d'organiser chaque journée à l'avance. Ils reconnaissent que le seul produit qu'ils ont à vendre est leur temps personnel, et ils organisent leurs journées de manière à maximiser chaque minute passée devant les clients pour expliquer leurs produits et services.

Les meilleurs vendeurs sont responsables des résultats de vente. Ils s'engagent à atteindre et de dépasser leurs quotas, peu importe ce qui se passe sur le marché.

Il semble y avoir une relation directe entre l'estime de soi et la responsabilité personnelle.

- Plus vous acceptez de responsabilités personnelles, plus vous vous sentez puissant, ce qui renforce votre estime de soi et votre confiance en vous.
- Plus vous acceptez la responsabilité, plus vous vous sentez positif et plus vous avez d'énergie.
- Plus vous avez d'énergie, plus vous êtes tourné vers l'extérieur lorsqu'il s'agit de vous occuper et d'obtenir des résultats commerciaux.

Les meilleurs vendeurs sont préparés pour chaque appel

Il semble que la préparation soit la marque du vrai professionnel. Plus vous êtes préparé avant de rencontrer un client, plus vous avez confiance en vous et meilleure est l'impression que vous donnez au client lors du premier rendez-vous.

Comme je l'ai décrit dans l'introduction, les meilleurs vendeurs apprennent tout ce qu'ils peuvent sur leurs clients avant de faire appel à eux. Ils déterminent leurs objectifs pour chaque appel et rédigent à l'avance les questions qu'ils ont l'intention de poser. Après chaque appel, ils notent chaque détail et conservent des notes et des enregistrements précis auxquels ils pourront se référer lors de leurs appels ultérieurs.

Les meilleurs vendeurs excellent dans l'anticipation et la préparation, tant avant qu'après les ventes. Ils consacrent du temps le week-end à planifier leur semaine à venir, puis chaque jour, ils affinent leur plan de vente avant le début de la journée. Cette planification minutieuse se déroule «hors ligne», leur permettant de se concentrer pleinement sur les interactions avec les clients lorsqu'ils sont disponibles.

Les meilleurs vendeurs apprennent en continus

Le fait est que "pour gagner plus, il faut apprendre davantage". Il semble y avoir une relation directe entre ce que vous apprenez sur la façon de mieux effectuer votre travail et la croissance de vos revenus.

Vous devriez consacrer trente à soixante minutes chaque jour à lire des livres sur la vente, de préférence le matin avant de commencer à travailler. Cela revient à lire environ un livre par semaine, soit cinquante livres par an. En lisant régulièrement, vous deviendrez bientôt l'un des vendeurs les plus compétents et les mieux payés de votre secteur.

Lorsque j'ai découvert l'incroyable pouvoir de la lecture de livres de vente au début de ma carrière, cela a transformé ma vie. Lorsque j'ai encouragé d'autres vendeurs à lire chaque jour, ils m'ont signalé une augmentation immédiate de leurs ventes, doublant ou triplant parfois leurs ventes en aussi peu qu'un mois ou deux. Essayez-le vous-même et voyez.

Les meilleurs vendeurs écoutent également des podcasts (programmes audio éducatifs) dans leur voiture ou leur smartphone. Ils ne manquent jamais une occasion d'apprendre quelque chose de précieux et d'utile qui pourrait les aider dans leur carrière. **Les vendeurs les mieux payés suivent également des cours et des séminaires supplémentaires sur la vente.** Ce sont des apprenants permanents, avides de nouvelles informations.

Voici une attitude que j'ai développée au début de ma carrière et qui m'a été extrêmement utile. Je passe mes journées en imaginant qu'il existe une information ou une connaissance précieuse qui, si je peux la trouver, augmentera considérablement mes ventes et mes revenus. Avec cette attitude, je cherche, je lis, j'écoute et je me pose continuellement des questions. Je participe à des séminaires et des ateliers. Je suis constamment à la recherche du Saint Graal.

Pourquoi je fais tout ça ? Je trouve toujours des idées et des informations précieuses, même après de nombreuses années, qui peuvent m'aider à être encore plus efficace pour trouver de meilleurs clients et pour être plus convaincant.

La loi de Pareto, ou règle des 80/20, s'applique également à la formation continue dans le domaine de la vente. **80% des vendeurs n'ont soit pas reçu de formation professionnelle, soit n'ont pas la motivation de se former continuellement tout au long de leur carrière.** Ce manque d'investissement personnel se reflète directement sur leurs revenus, les plaçant systématiquement dans les 80% inférieurs du classement. Ils rencontrent constamment des difficultés financières et envient les meilleurs vendeurs, sans toutefois être prêts à fournir l'effort nécessaire pour apprendre et progresser.

En revanche, les **20% des vendeurs les plus performants adoptent une approche diamétralement opposée.** Ils comprennent que le bonheur réside dans la poursuite progressive d'objectifs épanouissants. Chaque nouvelle compétence acquise et appliquée nourrit un sentiment de croissance personnelle et d'accomplissement. L'apprentissage stimule la libération d'endorphines dans le cerveau, ces substances naturelles surnommées «hormones du bonheur». En intégrant et en mettant en pratique de nouvelles idées, ces vendeurs cultivent un état d'esprit positif et optimiste. Ils se sentent plus autonomes et responsables de leur destin, gagnant en estime de soi et en confiance en leurs capacités. Chaque nouvelle connaissance acquise renforce leur sentiment d'accomplissement et contribue à l'amélioration de leur qualité de vie et de leurs résultats.

Comme le disait Saint François d'Assise : «Le paradis est sur terre». Ce ne sont pas uniquement les grandes réussites qui procurent du bonheur, mais aussi les petits progrès quotidiens vers nos objectifs. Chaque nouvelle idée apprise ou appliquée, même si elle semble insignifiante, contribue à notre épanouissement personnel et à notre confiance en nos capacités.

En résumé, **la formation continue est un facteur clé de différenciation entre les vendeurs performants et ceux qui stagnent.** En investissant dans leur apprentissage, les vendeurs peuvent non seulement améliorer leurs résultats commerciaux, mais également cultiver un sentiment de bonheur et d'accomplissement personnel.

Investissez-en vous-même.

Pour débloquer votre plein potentiel et maximiser vos revenus, intégrez l'habitude d'investir 3% de vos revenus dans votre développement personnel tout au long de votre carrière.

Imaginez que vous gagniez 50 000€ par an. Consacrez 1 500€ chaque année à l'amélioration de vos compétences et des stratégies qui vous permettent de générer ces revenus.

Le retour sur investissement de cette approche est exponentiel. Vous pouvez espérer multiplier votre investissement par dix, vingt, voire cinquante. C'est le placement le plus rentable qui soit, surpassant de loin tout investissement financier classique.

Pour illustrer ce propos, prenons l'exemple d'un excellent vendeur qui a participé à mon séminaire sur la psychologie de la vente. Déjà performant et bien rémunéré, il était néanmoins ouvert à l'apprentissage de nouvelles techniques. En appliquant les concepts clés du programme, il a réussi à augmenter son revenu personnel de 75 000€ en un an seulement, soit un retour sur investissement de plus de 1000 fois supérieur au coût du programme.

Des histoires similaires abondent dans le monde des vendeurs performants de tous les secteurs. Ils ont tous en commun d'investir continuellement dans leur développement personnel à travers des livres, des programmes audio, des séminaires, etc.

En revanche, négliger cet investissement personnel vous condamne à la stagnation, voire à la régression. Vos revenus stagneront ou diminueront, vous rencontrerez des difficultés financières et vous vous retrouverez à envier les meilleurs vendeurs qui récoltent tous les fruits du succès.

La bonne nouvelle est que vous avez le pouvoir de changer de trajectoire dès aujourd'hui. Tous les grands vendeurs d'aujourd'hui ont commencé par le bas. En adoptant leur état d'esprit et leurs stratégies, vous obtiendrez bientôt des résultats comparables, voire les surpasserez.

N'oubliez pas : l'investissement le plus rentable que vous puissiez faire est celui que vous faites pour vous-même.

EXERCICES

Questions clés pour booster votre performance en tant que vendeur:

- Motivation profonde: Pourquoi aspirez-vous à devenir l'un des meilleurs vendeurs de votre secteur ? Quels changements cela apportera-t-il à votre vie ?

- Succès garanti: Si vous aviez la certitude absolue de réussir, comment aborderiez-vous différemment vos activités de vente ?

- Objectifs chiffrés: Quels sont vos objectifs concrets en termes de ventes et de revenus ? Combien souhaitez-vous gagner et quel volume de ventes est nécessaire pour atteindre cet objectif sur l'année à venir ?

- Points forts personnels: Quels aspects de vos produits ou services vous attirent le plus personnellement ? Quelles sont leurs caractéristiques et leurs avantages uniques ?

- Apport de valeur: Quels bénéfices vos produits et services procurent-ils à vos clients ? Qu'est-ce qui vous procure le plus de satisfaction et de plaisir dans le cadre de votre activité ?

- Approche consultative: Comment adopter une posture plus consultative et moins commerciale lors de vos prochaines interactions avec des prospects ou des clients ?

- Responsabilité totale: Si vous étiez 100 % propriétaire de votre entreprise et entièrement responsable de ses résultats de vente, que changeriez-vous dans votre approche quotidienne ?

- Action immédiate: Quelle action concrète allez-vous entreprendre dès aujourd'hui, en appliquant les enseignements de ce chapitre ?

En répondant à ces questions avec sincérité et en prenant des mesures concrètes, vous vous engagez sur la voie du succès en tant que vendeur. N'oubliez pas que la clé réside dans l'amélioration continue, l'adoption d'une mentalité de gagnant et la volonté de fournir une valeur exceptionnelle à vos clients.

CHAPITRE 2

PLANIFICATION PERSONNELLE DES VENTES

Trouvez quelque chose que vous aimez faire et vous n'aurez jamais à travailler un seul jour de votre vie.

Harvey Mackay

Dans tous les domaines, les 20% des vendeurs les plus performants surpassent largement les 80% restants. Votre objectif doit être de rejoindre ce groupe d'élite et de poursuivre une croissance constante de vos ventes et revenus personnels. Ce chapitre vous dévoilera les stratégies employées par les plus grands succès pour surpasser largement la moyenne, en s'appuyant sur une planification minutieuse de leurs objectifs et activités.

La clé du succès réside dans la réflexion. Le travail le plus important et le mieux rémunéré que vous puissiez accomplir est de penser. La qualité de votre réflexion détermine en grande partie la qualité de votre vie. Plus vous réfléchissez précisément à vos objectifs, à vous-même et aux actions nécessaires pour les atteindre, plus vous excellerez dans tous vos projets.

Votre atout le plus précieux

Votre capacité à gagner de l'argent est votre atout financier le plus précieux. Elle se définit comme votre aptitude à obtenir des résultats concrets pour lesquels les gens sont prêts à vous rémunérer. La différence entre les vendeurs les plus performants et les moins performants réside dans le niveau de développement de cette capacité.

Votre capacité de gain actuelle est le fruit de vos connaissances, expériences, formations, habitudes et compétences accumulées jusqu'à aujourd'hui. La bonne nouvelle est que chacune de ces composantes peut être améliorée et augmentée continuellement tout au long de votre carrière.

Cependant, comme tout actif, votre capacité de gain peut s'apprécier ou se déprécier. Pour les 20% des plus gros revenus, elle augmente en moyenne de 11% par an, tandis que pour les 80% restants, elle ne progresse que d'environ 1%, voire diminue.

Imaginez que votre atout le plus précieux s'apprécie de 11% par an. Vous doublerez vos revenus tous les sept ans, et ainsi de suite. Au cours de votre carrière, vous deviendrez l'un des individus les mieux payés de la société.

En revanche, si votre revenu n'augmente que de 1% par an par manque d'effort pour améliorer votre capacité de gain, il faudra soixante-douze ans pour le doubler. Et cela sans compter l'inflation, le chômage ou les bouleversements économiques.

La différence fondamentale dans le monde professionnel d'aujourd'hui réside dans le fait que chacun est responsable de sa propre carrière et de son avenir financier. Vous êtes le président d'une entreprise dont vous êtes l'unique employé : vous-même. Votre produit est vos services personnels. Votre objectif principal est d'augmenter la qualité et la quantité de ces services pour accroître vos revenus et améliorer votre qualité de vie.

La pire erreur que vous puissiez commettre est de penser que vous travaillez pour quelqu'un d'autre que vous-même. Vous êtes le président de votre propre société, «You, Inc.». Vous avez le contrôle de votre carrière, de votre vie et de votre avenir. Vos revenus dépendent des actions que vous entreprenez ou que vous ne prenez pas.

Ce sont souvent les actions que vous ne faites pas qui ont le plus d'impact sur votre vie. Ne pas planifier votre journée et votre travail, ne pas vous organiser et établir de priorités, ne pas améliorer continuellement vos connaissances et vos compétences... tous ces manquements entraîneront des conséquences négatives sur vos résultats et votre capacité de gain.

En résumé, votre capacité à gagner de l'argent est un atout crucial à développer et à entretenir tout au long de votre carrière. Prenez la responsabilité de votre avenir financier, investissez dans votre développement personnel et vous récolterez les fruits de votre travail et de votre persévérance.

Votre ressource la plus précieuse ? Votre temps, sans aucun doute !

Au début de votre carrière, vous disposez généralement de peu d'argent, mais d'une richesse en temps. Vous entrez sur le marché du travail en échangeant vos services contre une rémunération. Si vous êtes un négociateur habile, vos revenus augmenteront progressivement au fil des années.

À l'approche de la retraite, votre temps devient plus limité, mais vous devriez avoir accumulé un capital conséquent. Le pire scénario serait de consacrer toute sa vie professionnelle, soit trente ou quarante années de travail acharné, pour se retrouver avec des ressources insuffisantes pour une retraite confortable. Hélas, c'est la réalité de nombreuses personnes aujourd'hui.

Comment éviter ce piège ?

- **Prenez conscience de la valeur de votre temps.** Dès le début de votre carrière, adoptez une approche stratégique en gérant votre temps de manière optimale.

- **Investissez votre temps judicieusement.** Privilégiez les activités qui vous procurent la plus grande valeur ajoutée, tant sur le plan personnel que professionnel.

- **N'échangez pas votre temps contre de l'argent uniquement.** Recherchez des opportunités qui vous permettent de cumuler à la fois une rémunération et une expérience enrichissante.

- **Planifiez votre retraite dès maintenant.** Commencez à épargner et à investir tôt afin de vous assurer une sécurité financière confortable pour vos vieux jours.

En gérant votre temps avec sagesse et en adoptant une vision à long terme, vous maximisez vos chances de profiter d'une retraite sereine et épanouissante. N'oubliez pas, votre temps est votre bien le plus précieux, utilisez-le à bon escient !

Planification stratégique personnelle

L'objectif de la planification stratégique d'une entreprise est d'augmenter son retour sur investissement (ROI), soit la rentabilité générée par rapport aux capitaux investis.

De la même manière, votre planification stratégique personnelle doit viser à maximiser votre «retour sur énergie» (ROE). Il s'agit du rendement que vous obtenez de votre «capital humain», constitué de votre énergie mentale, émotionnelle et physique. Au début de votre carrière, c'est votre atout le plus précieux à échanger contre des résultats et des récompenses.

Votre niveau de vie et vos revenus dépendent entièrement de la manière dont vous échangez votre énergie sur le marché. Malheureusement, la plupart des gens ne réalisent pas que leur capacité à gagner de l'argent est leur atout financier le plus précieux. Ils le prennent pour acquis et l'utilisent de manière inefficace.

Ils passent leurs journées sans plan précis : se lever, boire du café, se rendre au travail, discuter avec des collègues, prendre des pauses, passer quelques appels commerciaux, puis rentrer chez eux pour regarder la télévision.

Mais vous ne devriez pas suivre ce schéma. Votre vie est trop précieuse pour cela. Votre objectif est de vivre pleinement chaque instant, en échangeant chaque minute et chaque heure contre le plus haut «retour sur énergie» possible.

N'oubliez pas que vous êtes votre propre patron. Vous déterminez votre revenu et rédigez votre propre chèque de paie. Si vous n'êtes pas satisfait de vos revenus actuels, regardez-vous dans le miroir et négociez avec votre patron : vous-même.

Si vous voulez plus d'argent, une seule solution s'impose : augmenter vos ventes et leur qualité. Et cette décision vous appartient en grande partie.

> **En résumé:**
>
> Prenez le contrôle de votre «capital humain» et optimisez son utilisation pour maximiser votre «retour sur énergie». Vous avez le pouvoir de créer la vie que vous désirez.

La stratégie GOSPA

La planification stratégique personnelle commence par définir vos objectifs, à court, moyen et long terme.

Posez-vous ces questions clés :

- Où en êtes-vous actuellement dans votre vie professionnelle ?
- Quelle est votre vision pour votre avenir ?
- Quelles actions concrètes devez-vous entreprendre pour concrétiser vos aspirations ?

Pour vous guider dans votre réflexion et prendre des décisions éclairées, la méthode GOSPA (Buts, Objectifs, Stratégies, Plans et Activités) s'avère particulièrement efficace.

Objectifs

Définir vos objectifs financiers précis est la clé du succès.

Commencez par déterminer vos revenus annuels souhaités pour l'année à venir. Une approche simple consiste à prendre votre revenu brut annuel le plus élevé à ce jour et à l'augmenter de 25 à 50%. Par exemple, si votre meilleur revenu annuel est de 50 000 €, vous pourriez vous fixer comme objectif de gagner 62 500 € l'année prochaine. Si vous êtes plus ambitieux, visez 75 000 €.

Ensuite, décomposez vos objectifs annuels en objectifs mensuels, hebdomadaires et quotidiens. Si vous visez 60 000 € par an, votre objectif mensuel serait de 5 000 €. En travaillant 50 semaines par an, cela équivaut à un objectif hebdomadaire de 1 200 € et un objectif quotidien de 240 €.

L'étape finale, et peut-être la plus importante, consiste à définir votre taux horaire souhaité. Combien devez-vous gagner par heure pour atteindre vos objectifs quotidiens, hebdomadaires et annuels ? Pour un objectif annuel de 60 000 € et 2 000 heures de travail par an (250 jours x 8 heures), votre taux horaire souhaité serait de 30 €.

À partir de ce jour, refusez toute activité qui ne vous rapporte pas au moins 30 € de l'heure.

Sous-Objectifs

Pour concrétiser vos objectifs à long terme, il est essentiel de définir des sous-objectifs précis.

Ces sous-objectifs représentent les étapes concrètes que vous devez franchir pour atteindre votre destination finale. Ils se traduisent par des actions mesurables et quantifiables.

Prenons un exemple concret :

Imaginons que vous visez un certain chiffre d'affaires annuel. Pour y parvenir, vous devez déterminer le nombre de prospects à contacter, de rendez-vous à fixer, de présentations à réaliser et de ventes à conclure. Chaque étape de ce processus est un sous-objectif quantifiable.

En plus de ces objectifs liés aux ventes, il est également crucial de développer vos compétences et vos connaissances. Cela peut inclure l'acquisition d'une expertise approfondie de vos produits, l'amélioration de vos techniques de vente et l'optimisation de votre gestion du temps.

Ces objectifs de développement personnel sont essentiels pour vous permettre d'atteindre efficacement vos objectifs de revenus à long terme.

Stratégies

Les stratégies représentent les différentes approches que vous pouvez employer pour atteindre chacun de vos objectifs.

Prenons l'exemple d'un objectif d'augmentation des ventes. Trois stratégies principales s'offrent à vous :

- **Augmenter le nombre de transactions :** Concrétiser plus de ventes individuelles.

- **Augmenter la taille de chaque transaction :** Proposer des produits complémentaires, des ventes incitatives et des ventes croisées pour maximiser le revenu par vente.

- **Augmenter la fréquence des transactions :** Encourager vos clients à acheter plus souvent chez vous et à vous recommander à d'autres clients potentiels.

Pour déterminer les stratégies les plus efficaces pour atteindre vos objectifs, il est judicieux de dresser une liste exhaustive des actions possibles. Ensuite, organisez cette liste par ordre de priorité et de valeur potentielle.

Plans

Un plan est une feuille de route détaillée qui concrétise vos stratégies en actions concrètes.

Les individus les plus performants s'appuient sur des listes pour organiser leurs tâches et suivre leur progression. Ils sont de véritables «créateurs de listes» en série.

L'un des outils de gestion du temps les plus efficaces est sans doute la liste de contrôle. En listant, dans l'ordre précis, toutes les étapes nécessaires pour atteindre un objectif spécifique sur la voie de votre objectif à long terme, vous créez une roadmap claire et actionnable.

Une fois votre liste de contrôle établie, il s'agit de la suivre rigoureusement jour après jour. Accomplissez chaque tâche dans l'ordre prévu, en cochant chaque étape franchie. En persévérant dans cette approche méthodique, vous progresserez de manière constante vers la réalisation de votre objectif final.

N'oubliez pas que votre plan et votre liste de contrôle sont des outils dynamiques. N'hésitez pas à les réviser et à les adapter en fonction de l'évolution de votre contexte, de vos priorités et de vos avancées.

Actions quotidiennes

Ce sont les actions quotidiennes que vous entreprenez pour réaliser vos plans, mettre en œuvre vos stratégies, atteindre vos objectifs et finalement atteindre vos buts. Mieux vous réfléchirez à chacun de ces domaines, meilleurs seront vos résultats et plus vite vous les atteindrez.

La maîtrise de votre temps est la clé du succès commercial.

Après avoir défini vos objectifs de revenus annuels et les ventes nécessaires pour les atteindre, il est crucial d'analyser votre activité en détail.

Commencez par identifier votre taille moyenne de vente. Les vendeurs performants suivent méticuleusement leurs activités et connaissent leur taille moyenne de vente par mois et par an. Ils maîtrisent leurs revenus et s'efforcent constamment de les améliorer.

Ensuite, déterminez le nombre de ventes individuelles à réaliser par semaine, mois et année pour atteindre vos objectifs.

Calculez le nombre d'appels de prospection nécessaires pour générer suffisamment de rendez-vous avec des prospects qualifiés. N'oubliez pas que plusieurs appels peuvent être nécessaires pour obtenir un rendez-vous pertinent. **Tenez des registres précis pour suivre vos efforts.**

Déterminez également le nombre de présentations à effectuer auprès de prospects qualifiés pour conclure les ventes nécessaires à vos objectifs. Évaluez votre taux de conversion par appel, présentation, suivi et identifiez le nombre de contacts initiaux requis pour générer un rendez-vous, une présentation, un suivi, une vente et le montant gagné par vente. **En suivant rigoureusement vos données, vous maîtriserez ces indicateurs clés.**

Un plan écrit clair vous permet d'accomplir plus en une semaine ou un mois que vous ne le pourriez en un an ou deux sans plan. Un plan stratégique personnel vous guide et vous permet de dépasser vos objectifs. **Tous les meilleurs vendeurs travaillent avec un plan écrit, et vous devriez le faire aussi.**

N'oubliez pas que chaque minute consacrée à la planification vous fera gagner environ dix minutes pour obtenir les résultats qui vous comptent. Dix minutes de planification par jour vous font gagner environ cent minutes productives, soit un retour sur investissement de 1 000%.

L'entonnoir de vente : un outil puissant pour planifier vos activités commerciales

L'entonnoir de vente est un modèle visuel qui vous permet de structurer votre travail et vos actions de vente. Il se compose de trois étapes principales : la prospection, la présentation et la conclusion.

1. La prospection : élargir le haut de l'entonnoir

La prospection constitue la base de votre activité commerciale. Elle consiste à identifier et à qualifier de nouveaux prospects potentiels. Plus vous prospectez activement, plus vous élargirez le haut de votre entonnoir, augmentant ainsi vos chances de concrétiser des ventes.

2. La présentation : convertir les prospects en clients potentiels

Une fois que vous avez identifié des prospects qualifiés, il est crucial de leur présenter efficacement votre produit ou service. La présentation doit démontrer en quoi votre offre répond parfaitement à leurs besoins et attentes. N'oubliez pas que c'est souvent à cette étape que la vente se concrétise réellement.

3. Le suivi et la conclusion : concrétiser les ventes

La dernière étape de l'entonnoir de vente consiste à suivre vos prospects après la présentation et à les guider vers la conclusion de la vente. Cette étape implique de répondre à leurs questions, de dissiper leurs doutes et de les accompagner dans le processus d'achat.

Analyser et optimiser votre entonnoir de vente

En suivant vos résultats et en calculant votre taux de conversion à chaque étape de l'entonnoir, vous pouvez identifier vos points forts et vos axes d'amélioration. L'objectif est de constamment affiner vos stratégies pour élargir le haut de l'entonnoir, optimiser le taux de conversion à chaque étape et maximiser vos ventes.

N'oubliez pas que le succès en vente repose sur une amélioration continue. En vous perfectionnant constamment dans la prospection, la présentation et le suivi, vous augmenterez considérablement vos chances de réussite.

En résumé :

- Utilisez l'entonnoir de vente comme cadre pour structurer vos activités commerciales.
- Concentrez-vous sur l'élargissement du haut de l'entonnoir en prospectant activement.
- Maîtrisez l'art de la présentation pour convertir les prospects en clients potentiels.
- Aiguisez vos techniques de suivi pour conclure les ventes et maximiser vos revenus.
- Analysez vos résultats, identifiez vos points d'amélioration et perfectionnez-vous continuellement.

Domaines de résultats clés

Les sept piliers du succès en vente : évaluez vos compétences et développez vos talents

Pour exceller dans le domaine de la vente, il est essentiel de maîtriser sept domaines de résultats clés. Votre niveau de compétence dans chacun d'entre eux influence directement votre niveau de revenu.

Identifier vos points de départ : l'analogie de la balance

Imaginez que vous souhaitez perdre du poids. La première étape consiste à vous peser sur une balance. Cet exercice vous permet d'établir votre «point de référence», votre point de départ. En suivant votre poids quotidiennement, vous pouvez mesurer vos progrès et suivre votre évolution.

Évaluer vos compétences en vente : la grille d›évaluation

L'évaluation de vos compétences en vente suit un principe similaire. Commencez par vous noter de 1 à 10 dans chacun des sept domaines clés :

- Prospection
- Établissement de relations et de confiance
- Identification des problèmes
- Présentation des solutions
- Réponse aux objections
- Conclusion de la vente
- Reventes et références

Le niveau minimum de compétence requis pour réussir est de 7 ou plus. Soyez honnête lors de votre auto-évaluation, car c'est la condition indispensable pour progresser. Vous ne pouvez améliorer un domaine qu'en reconnaissant d'abord vos marges de progression.

1. Prospection

Évaluez votre niveau de prospection : un exercice crucial pour le succès en vente

La prospection est l'un des piliers fondamentaux de la réussite en vente. Elle consiste à identifier et à qualifier de nouveaux prospects potentiels, alimentant ainsi votre pipeline commercial.

Pour vous situer précisément, évaluez votre niveau de prospection actuel sur une échelle de 1 à 10, en tenant compte des définitions suivantes :

10 : Prospection optimale

- Vous disposez d'un flux continu de prospects qualifiés.
- Votre agenda est rempli de rendez-vous pour les semaines et les mois à venir.
- Vous êtes constamment à la recherche de nouvelles opportunités.

1 : Absence de prospection

- Vous n'avez aucun prospect en vue.
- Vous ne savez pas à qui vous adresser pour générer de nouvelles ventes.
- Votre activité commerciale est au point mort.

5 : Prospection modérée

- Environ 50 % de votre temps est consacré à des rendez-vous déjà planifiés.
- Vous devez activement prospecter pour générer de nouvelles opportunités.
- Votre pipeline commercial est fragile et nécessite un renforcement.

7 : Prospection efficace

- Environ 70 % de votre temps est consacré à des rendez-vous planifiés.
- Vous prospectez régulièrement pour maintenir un flux de prospects qualifiés.
- Votre pipeline commercial est solide et vous permet de générer des ventes constantes.

Notez votre score de prospection actuel dans votre carnet de notes.

2. Établir des relations et de la confiance

L'importance de l'établissement de relations et de la confiance dans la vente

L'établissement de relations solides et authentiques avec vos prospects est un élément crucial du succès en vente. Un score de 10 dans ce domaine signifie que vous avez une connexion naturelle avec la plupart des gens que vous rencontrez. Vous créez un climat de confiance et de sympathie mutuelle, augmentant considérablement vos chances de conclure des ventes.

A l'inverse, un score de 1 indique des difficultés relationnelles.
Vous ressentez une certaine gêne dans vos interactions et peinez à nouer des liens durables avec vos prospects. Cela peut limiter vos opportunités de vente et nuire à votre réputation professionnelle.

La bonne nouvelle est que la capacité à établir des relations et de la confiance est une compétence que vous pouvez développer.
En travaillant sur votre estime de soi, en définissant des objectifs clairs et en adoptant une attitude positive, vous deviendrez un interlocuteur plus agréable et plus attirant.

Évaluez votre niveau actuel de relation et de confiance dans la vente sur une échelle de 1 à 10.

Prenez en compte les critères suivants pour votre évaluation :

- Facilité à établir un contact et une connexion avec les prospects.
- Capacité à créer un climat de confiance et de respect mutuel.
- Aptitude à écouter attentivement les besoins et les préoccupations des prospects.
- Habileté à communiquer de manière claire, concise et persuasive.

Notez votre score dans votre carnet de notes.

3. Identifier les problèmes

L'identification des besoins : un élément crucial pour des ventes réussies

En vente, la capacité à identifier précisément les besoins de vos prospects est essentielle pour établir une relation commerciale durable et fructueuse. Cette étape cruciale vous permet de proposer des solutions personnalisées qui répondent réellement aux problématiques de vos clients et leur apportent une valeur concrète.

Pour évaluer votre niveau de compétence dans l'identification des besoins, attribuez-vous une note de 1 à 10 en tenant compte des définitions suivantes :

10 : Maîtrise parfaite

- Vous disposez d'un ensemble de questions structurées et pertinentes, du général au spécifique, que vous adaptez à chaque prospect.
- Vos conversations suivent un fil conducteur clair et vous guidez le prospect vers la découverte de ses propres besoins.
- À la fin de l'échange, le prospect et vous-même avez une compréhension précise du problème à résoudre et de la valeur que votre produit ou service peut apporter.

1 : Difficultés majeures

- Vos conversations de vente sont désorganisées et manquent de structure.
- Vous avez du mal à cerner les besoins réels du prospect et à poser des questions pertinentes.
- À la fin de l'entretien, le prospect reste confus et ne perçoit pas clairement la valeur de votre offre.

N'oubliez pas que l'identification des besoins est un processus continu qui s'affine au fil de vos interactions avec les prospects. En pratiquant régulièrement et en analysant vos résultats, vous développez votre capacité à cerner les enjeux clés et à proposer des solutions parfaitement adaptées.

Voici quelques conseils pour améliorer vos compétences en matière d'identification des besoins :

- Préparez des questions ouvertes et ciblées.
- Écoutez attentivement les réponses du prospect.
- Reformulez les questions pour clarifier les points clés.
- Posez des questions supplémentaires pour approfondir votre compréhension.
- N'hésitez pas à reformuler les besoins du prospect pour vous assurer que vous êtes sur la même longueur d'onde.

4. Présentation des solutions

L'art de la présentation : un facteur clé de réussite en vente

La présentation de vos solutions est une étape cruciale du processus de vente. C'est à ce moment que vous devez convaincre votre prospect de la valeur de votre offre et l'amener à prendre la décision d'achat.

Pour évaluer votre niveau de compétence dans la présentation des solutions, attribuez-vous une note de 1 à 10 en tenant compte des définitions suivantes :

10 : Présentation exceptionnelle

- Votre présentation est fluide, claire et concise.
- Vous adaptez votre message aux besoins et aux intérêts spécifiques du prospect.
- Vous mettez en avant les avantages concrets de votre produit ou service pour le prospect.

- Vous utilisez des exemples pertinents et des supports visuels attrayants.
- Vous concluez votre présentation par un appel à l'action clair et convaincant.
- Le prospect est enthousiaste à l'idée d'acquérir votre solution et prêt à passer à l'achat.

1 : Présentation médiocre

- Votre présentation est confuse et manque de structure.
- Vous ne parvenez pas à établir un lien entre votre offre et les besoins du prospect.
- Vous ne mettez pas en avant la valeur unique de votre produit ou service.
- Votre présentation manque d'énergie et d'enthousiasme.
- Le prospect reste indécis et ne voit pas clairement l'intérêt de votre solution.

N'oubliez pas que la présentation des solutions est un art qui s'apprend et se perfectionne avec la pratique. En analysant vos prestations et en recherchant des feedbacks constructifs, vous pouvez identifier vos points forts et vos axes d'amélioration.

Voici quelques conseils pour améliorer vos compétences en matière de présentation des solutions :

- Connaissez parfaitement votre produit ou service.
- Ciblez votre message sur les besoins et les intérêts du prospect.
- Structurez votre présentation de manière claire et logique.
- Utilisez un langage simple et percutant.
- Entraînez-vous régulièrement à présenter votre solution.

- N'hésitez pas à demander l'avis de vos collègues ou mentors.

5. Répondre aux objections

Maîtriser les objections : un atout essentiel pour des ventes réussies

Lors d'une vente, il est fréquent que les prospects émettent des objections pour justifier leur hésitation à acheter. Savoir répondre à ces objections de manière claire et convaincante est une compétence cruciale pour conclure des ventes et maximiser votre réussite commerciale.

Pour évaluer votre niveau de compétence dans ce domaine, attribuez-vous une note de 1 à 10 en tenant compte des définitions suivantes :

10 : Maîtrise parfaite

- Vous avez anticipé les objections potentielles que pourraient soulever vos prospects.
- Vous avez préparé des réponses claires, concises et convaincantes à chaque objection.
- Vous abordez les objections avec calme et professionnalisme.
- Vous utilisez les objections comme une opportunité de mieux comprendre les besoins du prospect.
- Vous parvenez à dissiper les doutes du prospect et à le conforter dans son choix d'achat.

1 : Difficultés majeures

- Vous êtes surpris par les objections des prospects et n'avez pas de réponse préparée.
- Vous vous sentez découragé ou défensif face aux objections.
- Vous avez du mal à cerner les motivations derrière les objections du prospect.
- Vous ne parvenez pas à rassurer le prospect et à le convaincre de la valeur de votre offre.

N'oubliez pas que la gestion des objections est un processus continu qui s'apprend avec la pratique et l'expérience. En analysant vos interactions avec les prospects et en recherchant des feedbacks constructifs, vous pouvez identifier vos points forts et vos axes d'amélioration.

Voici quelques conseils pour améliorer vos compétences en matière de gestion des objections :

- Anticipez les objections potentielles.
- Préparez des réponses claires et convaincantes.
- Écoutez attentivement les objections du prospect.
- Reformulez l'objection pour vous assurer que vous la comprenez bien.
- Adressez-vous aux préoccupations du prospect de manière empathique.
- Présentez des arguments solides et des exemples concrets pour appuyer votre réponse.
- Utilisez les techniques de reformulation et de questionnement pour guider le prospect vers une décision d'achat.

6. Clôture de la vente

L'art de conclure une vente : un facteur clé de réussite

La conclusion d'une vente est l'étape ultime du processus commercial, celle où vous récoltez les fruits de vos efforts et concrétisez l'intérêt de votre prospect en une transaction effective. Savoir conclure une vente de manière efficace et professionnelle est une compétence essentielle pour maximiser vos résultats commerciaux.

Pour évaluer votre niveau de compétence dans ce domaine, attribuez-vous une note de 1 à 10 en tenant compte des définitions suivantes :

10 : Maîtrise parfaite

- Vous disposez d'un ensemble de questions de clôture claires et pertinentes que vous adaptez à chaque situation.

- Vous abordez la conclusion de la vente avec confiance et sérénité.

- Vous évaluez les signaux d'achat du prospect et identifiez le bon moment pour proposer le passage à l'acte.

- Vous présentez une offre claire et concise, en soulignant les avantages concrets pour le prospect.

- Vous gérez les objections éventuelles avec tact et professionnalisme.

- Vous obtenez un engagement clair du prospect, que ce soit sous forme de commande, de signature ou d'accord verbal.

- Vous concluez vos ventes de manière cohérente et fluide, en minimisant le stress et l'anxiété.

1 : Difficultés majeures

- Vous éprouvez des difficultés à aborder la conclusion de la vente et manquez de questions de clôture pertinentes.
- Vous ressentez de la nervosité et de l'incertitude lors de la phase de conclusion.
- Vous ne parvenez pas à identifier les signaux d'achat du prospect et à saisir le bon moment pour conclure.
- Vous avez du mal à présenter votre offre de manière convaincante et à mettre en avant ses avantages.
- Vous êtes déstabilisé par les objections du prospect et perdez votre assurance.
- Vous laissez le prospect dicter le rythme de la vente et manquez d'initiative pour conclure.
- Vous terminez vos ventes de manière hésitante et insatisfaisante, en ressentant du stress et de la frustration.

N'oubliez pas que la conclusion d'une vente est un art qui s'apprend et se perfectionne avec la pratique et l'expérience. En analysant vos performances et en recherchant des feedbacks constructifs, vous pouvez identifier vos points forts et vos axes d'amélioration.

Voici quelques conseils pour améliorer vos compétences en matière de conclusion des ventes :

- Préparez des questions de clôture percutantes et adaptables.
- Entraînez-vous à conclure des ventes en situation réelle ou simulée.
- Développez votre confiance en vous et votre capacité à gérer les objections.
- Apprenez à identifier les signaux d'achat non verbaux.

- Proposez des offres claires et alléchantes qui mettent en avant la valeur de votre produit ou service.
- Ne craignez pas de demander la commande et de guider le prospect vers la décision d'achat.
- Soyez persévérant et ne laissez pas le prospect vous dissuader.

7. Reventes et références

Construire une chaîne de clients fidèles : la clé du succès en vente

En vente, l'idéal est de créer une «chaîne en or» de clients satisfaits qui achètent à nouveau chez vous et recommandent vos produits ou services à leur entourage. Ce processus, appelé «vente par référence», est un indicateur clé de votre réussite commerciale à long terme.

Pour évaluer votre niveau de compétence dans ce domaine, attribuez-vous une note de 1 à 10 en tenant compte des définitions suivantes :

10 : Maîtrise parfaite

- Vous entretenez des relations durables et positives avec vos clients.
- Vous dépassez constamment les attentes de vos clients et leur offrez une expérience d'achat exceptionnelle.
- Vous encouragez activement vos clients à vous recommander à d'autres personnes.
- Vous bénéficiez d'un flux régulier de nouvelles affaires grâce aux recommandations et au bouche-à-oreille.
- Votre chiffre d'affaires augmente grâce à la fidélisation de la clientèle et aux ventes par référence.

1 : Difficultés majeures

- Vous perdez rapidement le contact avec vos clients après la vente.
- Vous ne parvenez pas à fidéliser votre clientèle et à générer des achats répétés.
- Vous n'exploitez pas le potentiel de recommandation de vos clients satisfaits.
- Votre chiffre d'affaires dépend principalement de l'acquisition de nouveaux clients, ce qui limite votre croissance.

N'oubliez pas que la construction d'une chaîne de clients fidèles est un processus continu qui nécessite un engagement et des efforts constants. En analysant vos interactions avec vos clients et en recherchant des feedbacks constructifs, vous pouvez identifier les domaines à améliorer et mettre en place des stratégies efficaces pour fidéliser votre clientèle.

Voici quelques conseils pour développer une clientèle fidèle et générer des ventes par référence :

- Offrez une expérience client exceptionnelle.
- Dépassez constamment les attentes de vos clients.
- Entretenez des relations durables avec vos clients.
- Encouragez le feedback et les suggestions d'amélioration.
- Mettez en place un programme de fidélisation client.
- Proposez des offres exclusives aux clients existants.
- Demandez des recommandations à vos clients satisfaits.
- Faites la promotion de vos clients satisfaits comme études de cas.

Votre compétence limitante

Identifier votre «facteur limitant» pour maximiser votre succès en vente

Dans le domaine de la vente, il est crucial de comprendre votre «facteur limitant», le domaine de compétence qui freine votre progression et restreint vos résultats. En identifiant ce point faible, vous pouvez mettre en place des stratégies ciblées pour l'améliorer et ainsi débloquer votre plein potentiel.

Comment identifier votre «facteur limitant» ?

1. **Analysez vos notes dans les sept domaines de résultats clés importants :** Identifiez le domaine dans lequel vous vous êtes attribué la note la plus basse.

2. **Réfléchissez à l'impact de ce domaine sur vos ventes et vos revenus :** Imaginez si vous excelliez dans ce domaine. Quel serait l'impact positif sur vos ventes et votre chiffre d'affaires ?

3. **Posez-vous la question clé :** Quelle compétence, si vous la maîtrisiez parfaitement, aurait le plus grand impact positif sur vos ventes et vos revenus ?

Prendre des mesures concrètes pour améliorer votre «facteur limitant»

1. **Définissez un objectif clair :** Écrivez votre objectif d'amélioration de votre «facteur limitant».

2. **Établissez un plan d'action :** Définissez des étapes concrètes et mesurables pour atteindre votre objectif.

3. **Agissez chaque jour :** Prenez le temps chaque jour de travailler sur l'amélioration de votre «facteur limitant».

4. **Développez votre confiance et vos compétences :** Continuez à pratiquer et à apprendre jusqu'à ce que vous deveniez parfaitement confiant et compétent dans ce domaine.

N'oubliez pas que l'identification et l'amélioration de votre «facteur limitant» sont des processus continus. En vous engageant à progresser dans ce domaine crucial, vous augmenterez considérablement vos chances de réussite en vente et atteindrez de nouveaux sommets.

En résumé :

- Identifiez votre «facteur limitant» en analysant vos notes et en évaluant son impact sur vos résultats.
- Définissez un objectif d'amélioration clair et concret.
- Établissez un plan d'action détaillé et mesurable.
- Agissez chaque jour pour progresser vers votre objectif.
- Développez votre confiance et vos compétences en pratiquant et en apprenant continuellement.

L'approche des Domaines de Résultats Clés (KRA) : identifier et améliorer vos points faibles pour exceller en vente

L'approche des Domaines de Résultats Clés (KRA) offre une vue d'ensemble complète du processus de vente, permettant d'identifier vos points faibles et de mettre en place des actions ciblées pour les améliorer.

Comment utiliser l'approche des KRA pour identifier votre domaine le plus faible ?

- Répertoriez les sept KRA sur une feuille de papier.
- Lorsqu'une vente est perdue, notez-le KRA à l'étape duquel vous pensez que la vente a été perdue.
- Après une semaine, analysez vos notes. Le KRA avec le plus grand nombre de notes représente votre «goulot d'étranglement», votre compétence clé la plus faible.

Améliorer votre «goulot d'étranglement» et progresser continuellement

- Concentrez-vous sur l'amélioration de votre domaine le plus faible. Mettez en place des actions concrètes pour développer vos compétences dans ce domaine.
- Une fois que vous aurez amélioré votre «goulot d'étranglement», le prochain domaine le plus faible émergera. Répétez le processus d'identification et d'amélioration.

Continuez à suivre le point auquel vous pensez que vous perdez des ventes. Utilisez cette information pour identifier et corriger vos points faibles.

L'objectif ultime est de devenir «pleinement équilibré et excellent» dans l'ensemble du processus de vente. En suivant cette approche méthodique et en vous concentrant sur l'amélioration continue, vous transformerez vos points faibles en atouts et maximiserez vos chances de réussite en vente.

Avantages de l'utilisation de l'approche des KRA :

- Identification précise des points faibles : Permet de cibler vos efforts d'amélioration de manière efficace.
- Progression continue : Favorise une approche itérative d'amélioration constante.
- Vue d'ensemble du processus de vente : Offre une perspective globale pour identifier les tendances et les opportunités d'amélioration.

EXERCICES

Voici maintenant quelques questions que vous pouvez vous poser pour appliquer ces idées à vos activités de vente :

- De quelles trois manières exercez-vous votre activité à votre compte ?
- Quelles sont les trois façons dont vous pouvez déterminer votre propre revenu en ventes ?
- Quelles sont les trois activités les plus importantes dans la vente ?
- Quelles sont les trois caractéristiques des 10 % des meilleurs vendeurs dans votre domaine ?
- Dans quels trois domaines devez-vous planifier chaque jour à l'avance pour atteindre vos objectifs de ventes et de revenus ?
- Quel est votre domaine de compétence le plus faible en matière de vente ?
- Quelle compétence, si vous la développiez et la mettiez en pratique de manière excellente, aurait le plus grand impact positif sur votre carrière commerciale ?

Enfin, quelle action allez-vous entreprendre immédiatement à la suite de ce que vous avez appris dans ce chapitre ?

CHAPITRE 3

LE POUVOIR DE PROSPECTION

La clé du succès en vente : concentration et prospection

Atteindre l'excellence en vente, comme dans tout autre domaine, requiert deux qualités essentielles : la concentration et la prospection.

La concentration : un élément crucial

La concentration implique de définir clairement vos objectifs de vente et d'identifier les étapes précises nécessaires pour les concrétiser. Elle exige également de développer la capacité à vous focaliser tout au long de la journée sur les actions les plus importantes pour maximiser vos ventes et vos revenus.

La prospection : le moteur de votre activité

La prospection constitue l'élément fondamental du processus de vente, car elle alimente votre entonnoir de vente en prospects potentiels. Tout comme la génération de leads est essentielle en marketing, identifier des personnes qualifiées intéressées par vos produits ou services est la clé du succès commercial. Les vendeurs les plus performants possèdent les meilleures stratégies et plans pour générer un flux constant de prospects qualifiés, susceptibles de conclure des achats dans un délai raisonnable.

Développer des compétences de prospection performantes

La bonne nouvelle est que la prospection, comme toute compétence commerciale, s'apprend. Vous pouvez devenir un expert dans l'identification de nouveaux prospects de qualité, à fort potentiel, qui mèneront à des ventes lucratives. En appliquant les meilleures techniques de prospection à votre activité commerciale, vous augmenterez considérablement le nombre de ventes réalisées, et ce, de manière plus facile et rapide.

L'importance d'un entonnoir de vente rempli

Prenons l'exemple d'une entreprise Fortune 500 avec laquelle j'ai collaboré. Leur cycle de vente, c'est-à-dire le temps écoulé entre le premier contact et la vente conclue, était d'environ sept mois. Grâce à l'expérience, l'entreprise connaissait le nombre précis de prospects intéressés qui se convertirait en clients au cours de cette période.

Les vendeurs étaient formés à remplir leur entonnoir de vente au cours des cinq premiers mois de l'année pour atteindre leurs quotas et objectifs de revenus. Étant donné qu'il fallait en moyenne sept mois à un client pour parcourir l'entonnoir, tous les prospects qui n'y figuraient pas avant la fin du mois d'avril avaient peu de chances d'acheter au cours de l'année civile en cours. Il est essentiel d'adopter une approche similaire dans votre propre activité de vente.

Ne jamais laisser votre entonnoir se vider : une règle fondamentale

En vente, une règle fondamentale consiste à ne jamais laisser votre entonnoir se vider. L'adage de vente traditionnel «Toujours conclure» a été remplacé dans la vente moderne par la règle «Toujours prospecter». En effet, une prospection continue est indispensable pour générer un flux constant de prospects qualifiés et maintenir votre activité de vente en croissance.

En conclusion, la concentration et la prospection sont deux éléments indissociables du succès en vente. Développez votre capacité à vous concentrer sur vos objectifs et à mettre en œuvre des stratégies de prospection efficaces pour générer un flux constant de prospects qualifiés. En adoptant ces principes clés, vous augmenterez considérablement vos chances de réussite et maximiserez vos revenus en vente.

Points clés supplémentaires :

- La concentration vous permet de rester focalisé sur les actions les plus importantes pour atteindre vos objectifs de vente.
- La prospection alimente votre entonnoir de vente avec des prospects potentiels.
- Développez des compétences de prospection efficaces pour générer plus de ventes.
- Ne laissez jamais votre entonnoir de vente se vider en prospectant continuellement.
- Remplacez l'ancien adage «Toujours conclure» par la règle moderne «Toujours prospecter».

Le pouvoir du non

Vaincre la peur du rejet pour exceller en vente

L'un des principaux obstacles à la réussite en vente est la peur du rejet, également connue sous le nom de réticence à appeler à froid. Cette peur d'entendre le mot «non» lorsqu'on contacte des prospects est souvent liée à la crainte de la désapprobation, de l'insatisfaction ou de la négativité de la part des autres.

L'impact du conditionnement sur notre comportement

Dès l'enfance, nous sommes conditionnés à rechercher le «oui» et à éviter le «non». En effet, le «oui» est souvent associé à des sentiments positifs comme la satisfaction et l'approbation, tandis que le «non» est associé à la frustration et au refus. Ce conditionnement influence nos choix dans tous les domaines de la vie, y compris nos relations et notre carrière.

La peur du rejet : un frein à la réussite

De nombreuses personnes choisissent des carrières qui leur procurent un sentiment de sécurité et d'évitement du rejet, quitte à renoncer à des opportunités plus prometteuses. Cependant, pour exceller en vente, il est indispensable de surmonter la peur du rejet et d'être prêt à entendre «non» régulièrement.

Transformer le «non» en opportunité

Paradoxalement, plus vous entendrez de «non», plus vous aurez de chances d'obtenir des «oui». Chaque «NON» représente une étape vers le succès, car il vous rapproche des prospects qui seront réceptifs à votre offre.

Reprogrammer votre façon de penser

Imaginez votre mentalité actuelle comme un vieux tableau électrique avec des fils mal connectés. Votre objectif est de rebrancher ces fils pour transformer la peur du rejet en désir de réussite. Au lieu de considérer un «non» comme un échec, réinterprétez-le comme une étape positive dans votre processus de vente.

L'exemple d'un vendeur performant

Un vendeur découragé par le nombre élevé de rejets envisageait de démissionner. Son manager lui a fait prendre conscience que chaque appel, même ceux qui se soldent par un «non», représente une opportunité de gain. En effet, le coût d'un appel téléphonique est bien inférieur au gain potentiel d'une vente.

Changer de perspective pour booster les résultats

Le vendeur a changé son état d'esprit et a commencé à voir chaque appel comme une chance d'entendre «non». Plus il recevait de refus, plus il devenait confiant et performant. En un an, son taux de conversion a considérablement augmenté et ses revenus ont été multipliés par sept.

Le «non» comme un tremplin vers le succès

Votre objectif en tant que vendeur n'est pas de subir le «non» mais de le rechercher activement. Plus vous entendrez de «non», plus vous accumulerez d'expérience et de compétences, ce qui se traduira par une augmentation de vos ventes et de votre confiance en soi.

Affronter vos peurs pour progresser

En affrontant régulièrement vos peurs, vous les verrez diminuer progressivement. Elles s'estomperont comme de la fumée de cigarette, vous laissant place à une confiance et une audace qui propulseront votre réussite en vente.

La méthode des « 100 appels »

La méthode des 100 appels : surmonter la peur du rejet et booster vos ventes

Vous avez du mal à vaincre la peur du rejet et à vous lancer dans la prospection téléphonique ? La méthode des 100 appels est la solution qu'il vous faut pour booster vos ventes et propulser votre carrière commerciale.

Dites adieu à la peur et embrassez l'action

Au début de chaque nouveau travail de vente, la nervosité et la réticence à appeler à froid sont des sentiments naturels. La peur du rejet peut paralyser vos efforts et freiner votre progression. La méthode des 100 appels vous permet de briser ce cycle en vous concentrant sur l'action et en mettant de côté vos appréhensions.

Le principe simple de la réussite

Le principe de cette méthode est simple : fixez-vous l'objectif de passer 100 appels téléphoniques à des prospects le plus rapidement possible. L'objectif n'est pas de conclure des ventes à tout prix, mais plutôt de vous désensibiliser au «non» et de développer votre aisance à converser avec des inconnus.

Libérez-vous du souci du résultat

La clé du succès réside dans le fait de ne pas vous soucier du résultat de vos appels. Que les prospects soient intéressés ou non, votre objectif est de passer à l'action et d'accumuler de l'expérience. Cette approche vous permet de rester calme, positif et concentré sur votre objectif.

Découvrir des opportunités insoupçonnées

En appliquant la méthode des 100 appels, vous constaterez un phénomène surprenant : vous commencerez à identifier de bons prospects potentiels, à prendre des rendez-vous et à réaliser des ventes. En vous affranchissant de la pression du résultat, vous ouvrez la porte à des opportunités que vous auriez pu manquer par peur ou par manque d'assurance.

Un moteur de motivation pour les équipes commerciales

La méthode des 100 appels est un outil puissant pour motiver et dynamiser les équipes commerciales. En organisant des concours et en récompensant les vendeurs les plus performants, vous créez un environnement stimulant qui favorise l'engagement et la performance.

Des résultats tangibles pour les individus et les organisations

De nombreux individus et organisations ont témoigné de l'efficacité de cette méthode simple. Elle a permis de relancer des ventes en baisse, de propulser les équipes vers de nouveaux sommets et d'insuffler une énergie nouvelle au sein des entreprises.

Testez la méthode et constatez par vous-même

La méthode des 100 appels est accessible à tous. N'attendez plus, mettez-la en pratique et observez les résultats concrets qu'elle peut apporter à votre activité commerciale. Vous serez surpris de constater votre progression et de découvrir le potentiel qui sommeille en vous.

Retour aux sources

Vaincre la peur du démarchage téléphonique : la clé du succès

La prospection, élément crucial de la vente, est souvent redoutée par beaucoup. Pourtant, surmonter cette peur est essentiel pour réussir dans ce domaine exigeant et compétitif. C'est ce qu'a compris Michael, un ami d'enfance, qui a suivi ces conseils et s'est lancé dans la vente à froid, un défi qui l'a mené vers une carrière florissante.

Développer la confiance et la résilience face au rejet

Diplômé de l'université, Michael cherchait des conseils pour réussir sa vie professionnelle. Son père lui a suggéré de se lancer dans la vente à froid, un métier difficile mais formateur. En effet, surmonter la peur du rejet et développer la confiance en soi face à l'adversité sont des compétences précieuses pour la vie en général.

Persévérance et apprentissage au cœur du succès

Michael a suivi les conseils de son père et s'est engagé dans la vente de câbles à fibre optique, frappant aux portes jour après jour. Au début, il a essuyé de nombreux refus et même des insultes, une épreuve courante pour les démarcheurs. Mais il a persévéré et a tiré des leçons de chaque expérience.

Le «jeu de chiffres» : la clé de la réussite en vente

Avec chaque vente réussie, la confiance de Michael grandissait. Il a compris que la vente à froid était un «jeu de chiffres» : pour obtenir un certain nombre de «oui», il faut accepter beaucoup de «non». Cette prise de conscience lui a permis de rester positif et motivé face aux refus.

Une expérience formatrice pour une carrière prometteuse

Après un an de persévérance, Michael a non seulement vaincu sa peur du démarchage téléphonique mais a également acquis une expérience inestimable. Il a gravi les échelons, devenant superviseur, directeur puis directeur régional. Il a formé, géré et motivé d'autres vendeurs, les aidant à réussir à leur tour.

La peur du rejet vaincue, une confiance inébranlable

Fort de ses succès, Michael a déclaré à son père : «Papa, je peux tout faire maintenant parce que je n'ai plus peur du démarchage téléphonique. Je n'ai peur de rien.» Cette affirmation reflète la confiance et la résilience qu'il a développées en surmontant ses peurs.

Aujourd'hui, Michael est responsable marketing principal chargé des ventes pour une entreprise de haute technologie prospère. Il dirige une équipe de professionnels de la vente et continue de pratiquer le démarchage téléphonique pour maintenir ses compétences et sa motivation. Son histoire est un témoignage inspirant du pouvoir de surmonter ses peurs et de persévérer pour atteindre ses objectifs.

Le matin est le meilleur

La prospection : la clé du succès en vente

Pour réussir en vente, il est essentiel de se consacrer à des tâches parfois peu plaisantes afin d'atteindre ses objectifs. La prospection, étape cruciale du processus de vente, donne le coup d'envoi du succès. Plus tôt vous la commencez, plus vos résultats seront probants.

Le pouvoir d'un démarrage matinal

Le meilleur moment pour prospecter est tôt le matin. Consacrez les premières heures de votre journée à passer des appels téléphoniques pour obtenir des rendez-vous avec des clients potentiels. En commençant par contacter dix ou vingt personnes, vous aborderez le reste de la journée avec motivation et positivisme.

Posez-vous la question clé

Chaque matin, posez-vous la question suivante : «D'où viendra la prochaine vente ?». Assurez-vous que vos actions de la journée répondent à cette question cruciale.

Chasseurs et agriculteurs : deux types de vendeurs

La psychologie de la vente a permis de découvrir deux types de vendeurs principaux : les chasseurs et les agriculteurs.

- **Les chasseurs : des prospecteurs hors pair**

    Confiantes et agressives, ces machines à prospecter ne craignent pas de contacter n'importe qui. Bien qu'ils ne représentent que 10 % d'une force de vente, ils génèrent 80 % des nouveaux comptes, voire plus.

- **Les agriculteurs : des experts en fidélisation**

    Ces vendeurs compétents excellent dans le suivi des leads qualifiés et l'entretien des relations clients. Ils offrent un service client irréprochable, effectuent des relances régulières, établissent des relations durables et génèrent un flux constant de reventes et de recommandations.

L'impact d'une répartition des rôles efficace

Lorsque les entreprises répartissent les tâches commerciales entre chasseurs et agriculteurs, leurs ventes globales et la satisfaction de leurs clients augmentent. Les chasseurs apprécient l'ouverture de nouveaux comptes et laissent ensuite les agriculteurs s'occuper des clients.

Identifier votre profil : chasseur ou agriculteur ?

Déterminez si vous êtes un chasseur ou un agriculteur. Il est quasiment impossible d'être les deux et il est difficile d'exceller dans l'un si votre tempérament vous prédispose à l'autre.

Plus il y a d'expérience, plus les clients sont grands

Vendre à votre niveau : une progression naturelle

Certains vendeurs, enthousiasmés par leur offre, ont tendance à voir des clients potentiels partout. Cependant, il est important de reconnaître que vous ne pouvez vendre efficacement qu'à des clients correspondant à votre niveau de connaissances et d'expérience.

Débuter avec des clients novices

En tant que nouveau vendeur, vous vous sentirez plus à l'aise et efficace en vendant à des clients débutants. Vous pourrez ainsi développer des relations de qualité et acquérir l'expérience nécessaire pour progresser vers des clients plus expérimentés.

L'exemple d'IBM et Xerox

Des entreprises comme IBM et Xerox illustrent bien cette progression. Elles formaient leurs nouveaux vendeurs à la vente de produits basiques (machines à écrire, copieurs) à des petites entreprises. Au fur et à mesure que les vendeurs gagnaient en expérience et en compétences, ils évoluaient vers des produits plus complexes et des clients plus exigeants.

Progression graduelle : la clé du succès

Commencez par vous concentrer sur un grand nombre de petites ventes. En accumulant de l'expérience et en gagnant en confiance, vous pourrez naturellement vous orienter vers des produits et services plus importants, auprès de clients plus expérimentés et disposant de budgets plus conséquents.

N'oubliez pas :

- Votre niveau de vente est lié à votre niveau de connaissances et d'expérience.
- Commencez par des clients novices pour développer vos compétences.
- Progressez graduellement vers des clients plus expérimentés et des produits plus complexes.
- La réussite en vente est une question de progression naturelle.

Le profil du prospect idéal : 9 caractéristiques clés

Identifier et vendre au bon prospect est essentiel pour la réussite en vente. Plus vous comprenez clairement les caractéristiques d'un prospect idéal, plus vous serez efficace dans votre recherche et votre approche commerciale.

1. Un problème à résoudre

Un bon prospect est confronté à un problème que votre produit ou service peut résoudre de manière efficace et rentable. Définissez clairement les problèmes que votre offre peut résoudre et identifiez les clients qui en souffrent le plus. Posez des questions comme «Quels problèmes vous empêchent de dormir la nuit ?» pour cerner les besoins urgents de vos prospects B2B.

2. Un besoin à satisfaire

Tout produit ou service répond à un besoin spécifique. Déterminez le besoin qui rend vos prospects des clients idéaux pour votre offre. Les besoins peuvent être évidents (recherche d'un nouvel espace de bureau), latents (souffrance sans en connaître la cause) ou inexistants (votre produit ne correspond pas à leurs besoins actuels).

3. Un objectif à atteindre

L'amélioration est la principale motivation d'achat. Si votre produit ou service peut aider les prospects à atteindre leurs objectifs de manière rentable, ils représentent des opportunités de vente intéressantes.

4. Une douleur ou une inquiétude à soulager

Votre offre peut-elle apaiser une douleur ou une inquiétude du prospect ? Par exemple, si vous recrutez des cadres, votre prospect peut souffrir d'un manque de personnel qualifié. Si votre solution ne parvient pas à démontrer sa valeur ajoutée, le prospect perd son intérêt.

5. Le pouvoir de décision

Le prospect doit avoir l'autorité nécessaire pour prendre la décision d'achat. S'il reconnaît un problème mais ne peut pas décider, identifiez le décideur et concentrez vos efforts sur lui.

6. Une affinité pour vous et votre entreprise

Les gens achètent souvent auprès de ceux qu'ils apprécient. L'histoire de Bill Gates et Paul Allen illustre comment leur personnalité positive a influencé leur succès. N'oubliez pas l'importance de la sympathie et de la confiance dans la relation client.

7. Le potentiel d'achats multiples

Ne perdez pas de temps sur des ventes ponctuelles. Recherchez des prospects susceptibles d'acheter de grandes quantités de votre produit ou service s'ils sont satisfaits de leur première expérience.

8. Un centre d'influence

Un bon prospect peut vous ouvrir les portes vers d'autres clients potentiels. Les entreprises courtisent souvent les clients respectés en leur offrant des conditions spéciales pour obtenir leur satisfaction et leur recommandation auprès d'autres.

9. Une proximité géographique

Un prospect situé à proximité de vos bureaux est plus facile à vendre et à fidéliser. Privilégiez les clients potentiels accessibles pour optimiser votre temps et vos ressources.

Concentrez vos efforts sur les prospects qui présentent ces 9 caractéristiques. En identifiant et en ciblant les clients idéaux, vous augmenterez considérablement vos chances de réussite en vente.

Reconnaître les mauvaises perspectives

L'impact de votre état d'esprit sur votre réussite en vente

Votre attitude envers vous-même et votre travail influence directement votre niveau d'optimisme, d'enthousiasme et de motivation. Un état d'esprit positif et une confiance en votre produit ou service se traduisent par des interactions plus convaincantes avec les clients potentiels.

L'influence néfaste des personnes négatives

S'exposer continuellement à des personnes négatives peut avoir un impact émotionnel dévastateur. Un prospect ou un client critique et pessimiste peut vous affecter pendant des jours, drainant votre énergie et nuisant à votre capacité à prospecter de nouveaux clients.

Préserver votre énergie positive

En tant que vendeur performant, l'un de vos objectifs clés est de maintenir un niveau d'énergie positive élevé. Pour y parvenir, il est essentiel de limiter vos interactions avec les personnes négatives, qui peuvent être représentées par des prospects peu réceptifs à votre offre.

Identifier et éliminer rapidement les mauvais prospects

Dès que vous identifiez un prospect négatif et peu prometteur, prenez des mesures rapides pour mettre fin à l'interaction. Souhaitez-lui bonne chance et passez au suivant, qui pourrait être plus positif et réceptif à votre proposition.

La règle d'or de la prospection

En matière de prospection, il est important de se rappeler que : «Certains prospects achèteront, d'autres non. Et alors ? D'autres opportunités vous attendent.»

Votre mission : maximiser votre temps avec les bons prospects

Votre rôle consiste à identifier et éliminer rapidement les mauvais prospects afin de vous concentrer sur les plus prometteurs. Apprenez à reconnaître les signes d'un mauvais prospect et minimisez le temps que vous passez avec ces personnes toxiques pour votre motivation et votre réussite.

Un mauvais prospect a une personnalité difficile

Gérer les interactions avec des personnes négatives

Certaines personnes ont tendance à se plaindre et à critiquer tout et tout le monde : vous, vos produits, votre entreprise, leur propre entreprise, leurs collègues... Face à ces individus, il est important de se rappeler que «vous n'êtes pas la cible». Leur négativité est ancrée en eux et ne vous concerne en aucun cas.

Restez calme et professionnel

Lorsque vous rencontrez une personne négative ou malheureuse, adoptez une attitude diamétralement opposée à la sienne. Montrez-vous poli, aimable, courtois, et n'oubliez pas les mots «s'il vous plaît» et «merci».

Désamorcer la situation

Si vous sentez que vous avez affaire à une personne négative, excusez-vous poliment et proposez de reporter la discussion à un moment plus opportun. Expliquez que vous souhaitez prendre le temps de cerner ses besoins en détail. Remerciez-la pour son temps et son attention, souhaitez-lui une bonne journée et quittez les lieux.

Minimiser le temps passé avec des personnes toxiques

Votre objectif est de limiter au maximum vos interactions avec des individus difficiles. En vous éloignant d'eux, vous vous sentirez plus heureux et plus motivé.

Un mauvais prospect ne voit que peu d'avantages dans ce que vous proposez

Identifier un mauvais prospect : signes révélateurs

Un bon prospect s'intéresse activement à votre discours, pose des questions et s'implique dans la conversation. En revanche, un mauvais prospect reste passif, affiche souvent un regard méfiant et ne montre que peu d'émotions.

Ne prenez pas leur réaction personnellement

N'oubliez pas que l'attitude du prospect n'est pas un reflet de votre valeur ou de la qualité de votre offre. De nombreuses personnes perçoivent les nouvelles propositions de produits ou services comme une perturbation indésirable de leur routine et une menace pour leur zone de confort.

Les ventes : un jeu d'interaction

Imaginez les ventes comme un jeu de ping-pong. Vous lancez la balle en présentant votre argumentaire, et le prospect la renvoie en posant des questions ou en réagissant. Tant que l'échange se poursuit, la conversation commerciale est fructueuse. Mais si le prospect ne répond pas ou ne coopère pas, le jeu s'arrête.

Passez à autre chose face à un manque d'intérêt

Si vous ne percevez aucun retour positif ou signe d'intérêt de la part du prospect, il est temps de mettre fin à l'interaction. Acceptez que ce prospect ne soit pas le bon et qu'il existe d'autres opportunités plus prometteuses à saisir.

Ne perdez pas votre temps avec des prospects négatifs

Plus vous prolongez l'interaction avec un prospect négatif, plus vous perdez de temps précieux qui pourrait être consacré à des clients potentiels plus réceptifs. Rappelez-vous que votre objectif est de maximiser vos chances de réussite en ciblant les bons prospects.

Un mauvais prospect argumente ou se plaint continuellement de votre prix ou de votre qualité

Gérer les clients potentiels qui critiquent vos prix et votre produit

Certains prospects peuvent être particulièrement irritants. Ils remettent en cause vos prix, vantent les mérites de vos concurrents et critiquent votre produit ou service. Il est important de garder à l'esprit que ces critiques ne reflètent pas nécessairement la réalité. Le prospect peut avoir vécu une mauvaise journée et vous servir de bouc émissaire.

Restez professionnel et calme

En tant que vendeur professionnel et patient, vous devez faire preuve de calme et de courtoisie face aux critiques négatives, mais ne les laissez pas s'éterniser.

Ne répondez pas par des attaques

Ne tombez jamais dans le piège de répondre aux critiques par des justifications ou des contre-attaques. Cela ne ferait qu'attiser les tensions et nuire à la relation commerciale.

Posez des questions pour comprendre

Adoptez une approche proactive en posant des questions clarificatrices. Par exemple, «Pourquoi pensez-vous que nos prix sont trop élevés ?», «Qu'appréciez-vous particulièrement chez nos concurrents ?», «D'après vous, quels aspects de notre produit ou service pourraient être améliorés ?».

Avantages de poser des questions

- **Maintenir le calme et la positivité**: En posant des questions, vous évitez de vous laisser emporter par les émotions négatives du prospect et gardez le contrôle de la conversation.

- **Favoriser une communication courtoise**: Poser des questions démontre votre respect et votre intérêt pour les préoccupations du prospect.

- **Désamorcer les tensions**: En comprenant les motivations du prospect, vous pouvez désamorcer les tensions et trouver des solutions mutuellement acceptables.

Un mauvais prospect est satisfait de son fournisseur existant

Accepter et apprendre des clients satisfaits de leurs concurrents

Lorsqu'un client potentiel est déjà comblé par son fournisseur actuel d'un produit ou service similaire au vôtre, il est important de l'accepter et de passer à autre chose. Ne perdez pas votre temps et votre énergie à tenter de le convaincre de changer d'avis.

Concentrez-vous sur les opportunités prometteuses

Votre objectif est de développer des relations commerciales durables avec des clients réceptifs à votre offre. Ne vous attardez pas sur les prospects déjà engagés avec un concurrent.

Tirez des leçons des clients satisfaits

Cependant, les clients satisfaits de leurs concurrents peuvent être une source d'informations précieuses. N'hésitez pas à leur poser des questions comme : «Qu'appréciez-vous particulièrement chez votre fournisseur actuel ?», «Quels sont les aspects qui vous satisfont le plus dans cette relation client ?».

Améliorer votre offre grâce aux retours clients

Les réponses obtenues vous permettront d'identifier les points forts de vos concurrents et les domaines où vous pouvez améliorer votre propre offre. Ces informations vous aideront à mieux répondre aux attentes des clients et à vous démarquer sur le marché.

Un mauvais prospect serait un petit acheteur de votre produit ou service

Prioriser les gros clients potentiels : une stratégie efficace

S'il est tout à fait acceptable de compter de petits clients, il n'est pas judicieux de consacrer une énergie disproportionnée à leur acquisition, même lorsqu'ils expriment un vif intérêt pour votre produit ou service. En effet, d'autres clients potentiels, plus importants en termes de volume d'affaires, pourraient manquer votre attention.

L'optimisation du temps et des ressources

En tant que vendeur, votre temps et vos ressources sont précieux. Il est essentiel de les utiliser de manière stratégique pour maximiser vos chances de réussite. Se concentrer sur des clients potentiels plus importants vous permet de générer un chiffre d'affaires plus conséquent et d'optimiser votre rentabilité.

Identifier les clients à fort potentiel

Ne perdez pas de vue que tous les prospects ne se valent pas. Prenez le temps de qualifier vos opportunités commerciales en identifiant les clients qui présentent un fort potentiel en termes de besoins, de budget et de pouvoir de décision.

Cibler les clients stratégiques

Priorisez vos efforts en vous concentrant sur les clients qui correspondent à vos objectifs de vente et qui s'inscrivent dans votre stratégie de développement à long terme. Ne vous laissez pas distraire par des opportunités moins prometteuses qui pourraient vous éloigner de vos objectifs principaux.

Un mauvais prospect n'est pas une bonne source de références

L'importance de prospecter au-delà de votre réseau actuel

De nombreux prospects potentiels, aussi bien des particuliers que des entreprises, ne font pas partie de votre cercle de clients existants. Bien qu'ils apprécient peut-être votre produit ou service, ils ne peuvent pas contribuer directement à l'élargissement de votre clientèle. Par conséquent, il est crucial de mettre en place une stratégie de prospection proactive pour identifier et attirer de nouveaux clients potentiels.

Ne vous limitez pas à votre réseau actuel

S'appuyer uniquement sur le bouche-à-oreille ou sur les recommandations au sein de votre réseau actuel peut limiter votre croissance. De nombreux prospects prometteurs se trouvent en dehors de ce cercle restreint et attendent d'être découverts.

Exploitez le potentiel de chaque prospect

Même si un prospect ne peut pas vous apporter de recommandations directes, il peut néanmoins jouer un rôle important dans votre stratégie marketing. Encouragez vos clients à partager leur expérience positive avec leur entourage, en leur fournissant des supports de communication et des incitations adéquates.

Intégrez la recherche de références dans votre processus de vente

Faites de la demande de références une pratique courante dans votre processus de vente. N'hésitez pas à solliciter des recommandations auprès de vos clients satisfaits, en mettant en avant les avantages mutuels de ce type de collaboration.

L'importance de la proximité géographique pour les ventes

Le temps passé en déplacement est du temps perdu. Privilégiez donc les prospects situés à proximité de votre lieu de travail afin d'optimiser votre temps et votre productivité.

Ben Feldman, un exemple inspirant

Ben Feldman, légende de la vente d'assurance-vie et détenteur du record du «meilleur vendeur au monde» au Guinness World Records, est connu pour sa «stratégie géographique». Son objectif était de toujours pouvoir dîner en famille chez lui à East Liverpool, Ohio. Pour y parvenir, il a défini un rayon d'action de 50 miles autour de son domicile et s'est astreint à travailler dans cette zone pendant la majeure partie de sa carrière. Cette approche lui a permis de concilier vie professionnelle et vie personnelle, tout en accumulant des succès exceptionnels.

Succès fulgurant dans un périmètre restreint

Feldman a commencé sa carrière dans la vente d'assurances en 1942, alors que la population d'East Liverpool comptait 20 000 habitants. Cinquante ans plus tard, au sommet de sa gloire et avec un revenu annuel de 13 millions de dollars en commissions directes, la ville n'avait toujours que 20 000 habitants. En se concentrant sur une zone géographique restreinte, Feldman a pu établir des records de vente qui n'ont jamais été égalés.

Leçons à retenir

L'histoire de Ben Feldman nous enseigne plusieurs leçons importantes :

- **La proximité géographique est un atout majeur en vente.** Privilégiez les prospects situés à proximité pour minimiser les temps de déplacement et maximiser votre efficacité.

- **Un focus ciblé peut mener à un succès extraordinaire.** Ne dispersez pas vos efforts, concentrez-vous sur une zone géographique bien définie et cultivez des relations durables avec les clients potentiels de cette région.

- **La discipline et la persévérance sont des clés de la réussite.** Feldman a établi son succès en appliquant rigoureusement sa stratégie géographique pendant des décennies.

Réflexion stratégique

Quatre principes clés pour une prospection efficace

Améliorer vos résultats de prospection passe par une approche stratégique et ciblée. Pour y parvenir, quatre principes clés peuvent vous guider :

1. Spécialisation : Définissez votre niche

Identifiez le domaine précis dans lequel vous excellez et concentrez vos efforts sur ce segment de marché. En vous spécialisant, vous développez une expertise reconnue et attirez une clientèle plus qualifiée.

2. Différenciation : Marquez votre singularité

Distinguez-vous de vos concurrents en mettant en avant vos points forts et votre valeur ajoutée. Proposez une offre unique et différenciante qui répond aux besoins spécifiques de votre clientèle cible.

3. Segmentation : Ciblez vos efforts

Divisez votre marché en segments distincts en fonction de critères pertinents tels que le secteur d'activité, la taille de l'entreprise ou les besoins spécifiques. Cette approche vous permet de personnaliser votre message et d'optimiser votre stratégie de prospection pour chaque segment.

4. Concentration : Priorisez vos actions

Focalisez vos efforts sur les segments de marché les plus prometteurs et les plus susceptibles de générer des résultats concrets. Ne dispersez pas vos ressources, concentrez-vous sur les opportunités les plus rentables.

Spécialisation

Définir votre niche et cibler les clients potentiels : une approche stratégique

Comprendre les capacités et les limites de votre offre

Chaque produit ou service possède des fonctionnalités et des limites spécifiques. Il est crucial de définir clairement les domaines dans lesquels votre offre excelle et ceux où elle ne répond pas aux attentes.

Identifier la valeur de votre offre

Posez-vous des questions précises pour cerner l'essence de votre produit ou service :

- Quel problème résout-il ?
- Quel résultat permet-il d'atteindre ?
- Quel objectif aide-t-il le client à concrétiser ?
- Quelle douleur soulage-t-il ?

Adopter l'approche PTBS

L'approche PTBS (Problème–Technique–Solution) vous aide à structurer votre réflexion et à clarifier votre proposition de valeur. En identifiant le problème spécifique que votre offre résout, vous pouvez cibler efficacement les clients potentiels qui en souffrent le plus.

Cibler les clients les plus concernés

Analysez votre marché pour identifier les segments de clientèle qui rencontrent le plus intensément le problème que vous résolvez. Concentrez vos efforts de prospection et de marketing sur ces segments clés.

Différenciation

L'atout concurrentiel : la clé du succès en vente

Toute vente réussie repose sur la capacité à différencier votre produit ou service (et vous-même) de vos concurrents et de toute autre solution existante sur le marché. Cette différenciation constitue votre avantage concurrentiel, l'élément clé qui vous permet de vous démarquer et d'attirer les clients potentiels.

Identifier votre domaine d'excellence

Pour établir une différenciation efficace, il est essentiel de déterminer votre domaine d'excellence. En quoi excellez-vous réellement ? Quels aspects uniques de votre offre apportent une valeur ajoutée incontestable à vos clients ?

Définir votre Proposition de Vente Unique (USP)

L'identification de votre USP (Unique Selling Proposition) est une étape cruciale pour vous démarquer. Votre USP représente l'élément unique et distinctif de votre produit ou service qui le rend irrésistible aux yeux des clients potentiels. Posez-vous la question suivante : «Quelle est la raison précise pour laquelle un client devrait choisir votre offre plutôt que celle de vos concurrents ?»

Différenciation ou prix bas : le dilemme

Sur des marchés saturés où l'offre est pléthorique, il peut arriver qu'aucun avantage concurrentiel ou USP ne se distingue clairement. Dans de tels cas, la tentation de recourir à une stratégie de prix bas peut être forte. Cependant, il est important de noter que cette approche ne garantit pas le succès à long terme et peut nuire à la perception de la valeur de votre offre.

L'importance d'un avantage concurrentiel clair

Des citations de dirigeants d'entreprises renommées, comme Jack Welch et Peter Drucker, soulignent l'importance capitale d'un avantage concurrentiel clair. Sans différenciation notable, il devient difficile, voire impossible, de se positionner efficacement sur le marché et de générer des ventes durables.

Segmentation

Cibler le client idéal : la clé d'une prospection efficace

Après avoir défini votre niche et votre proposition de vente unique (USP), l'étape suivante consiste à identifier le segment de clientèle spécifique qui tirera le plus d'avantages de votre offre et qui est le plus susceptible de l'acheter rapidement. Ce processus de ciblage précis est crucial pour optimiser vos efforts de prospection et maximiser vos chances de réussite.

Identifier les caractéristiques clés de votre client idéal

Pour cibler efficacement votre clientèle idéale, il est essentiel de cerner ses caractéristiques clés. Cela peut inclure des facteurs tels que :

- **Données démographiques:** âge, sexe, niveau de revenu, localisation géographique, etc.

- **Besoins et problèmes spécifiques:** les points de douleur précis que votre offre peut résoudre.

- **Comportements d'achat:** habitudes d'achat, canaux de communication préférés, etc.

- **Psychographie:** valeurs, motivations, style de vie, etc.

Analyser votre marché et identifier les segments pertinents

Une fois que vous avez défini les caractéristiques de votre client idéal, analysez votre marché pour identifier les segments qui correspondent le mieux à ces critères. Cela peut impliquer l'utilisation de recherches marketing, l'analyse de données clients existantes et la segmentation de votre marché en fonction de critères pertinents.

Prioriser les segments les plus prometteurs

Parmi les segments identifiés, concentrez vos efforts sur ceux qui présentent le plus fort potentiel de conversion et de rentabilité. Prenez en compte des facteurs tels que la taille du segment, la propension à acheter et la valeur de vie client potentielle.

Adapter votre message et votre approche à chaque segment

Personnalisez votre message marketing et votre approche de vente pour chaque segment de clientèle cible. Mettez en avant les aspects de votre offre qui répondent le plus aux besoins et aux intérêts spécifiques de chaque segment.

Concentration

Prioriser les meilleurs prospects pour une prospection optimisée

Une fois que vous avez identifié vos segments de clientèle cibles, il est crucial de concentrer vos efforts sur les «meilleurs prospects», c'est-à-dire ceux qui présentent la plus forte probabilité d'acheter votre produit ou service rapidement. Cette approche ciblée vous permet d'optimiser vos ressources et d'accroître vos chances de réussite.

Caractéristiques des meilleurs prospects

Les meilleurs prospects se distinguent généralement par les caractéristiques suivantes :

- **Intérêt marqué pour votre offre :** Ils ont démontré un intérêt pour votre produit ou service, par exemple en visitant votre site Web, en téléchargeant des contenus marketing ou en participant à des événements.

- **Besoin clairement identifié :** Ils éprouvent un problème spécifique que votre offre peut résoudre.

- **Capacité d'achat :** Ils disposent des ressources financières nécessaires pour acheter votre produit ou service.

- **Autorité décisionnelle :** Ils ont le pouvoir de prendre la décision d'achat.

Cibler vos actions marketing et commerciales

Concentrez vos activités de publicité, de promotion et de vente sur ces prospects qualifiés. Utilisez des canaux de communication pertinents pour les atteindre et leur présenter votre message de manière personnalisée.

Adapter votre approche à chaque prospect

Personnalisez votre approche de vente en fonction des besoins et des intérêts spécifiques de chaque prospect. Mettez en avant les aspects de votre offre qui leur apportent le plus de valeur.

Suivre et nurturing

Mettez en place un processus de suivi et de nurturing pour entretenir des relations durables avec vos meilleurs prospects. Nourrissez-les avec des informations utiles et des contenus pertinents afin de les guider dans leur processus d'achat.

Analyse client

L'analyse des clients existants : une clé pour une prospection efficace

Avant de lancer vos actions de prospection, il est crucial d'analyser vos clients existants afin d'identifier les caractéristiques et les comportements qui mènent à l'achat. Cette analyse vous permettra de cibler vos efforts plus efficacement et d'optimiser vos résultats.

Douze questions clés à se poser

Pour guider votre analyse, posez-vous les questions suivantes :

1. Qui utilise votre produit ou service aujourd'hui ?

Comprendre les caractéristiques démographiques, les besoins et les comportements de vos clients actuels vous permettra de définir un profil client précis.

2. Qui l'utilisera à l'avenir, en fonction des tendances actuelles ?

Anticiper les changements de marché et l'évolution des besoins des clients vous aidera à adapter votre stratégie de prospection en conséquence.

3. Pourquoi quelqu'un devrait-il acheter votre produit ?

Identifiez les avantages uniques et la valeur ajoutée que votre offre apporte aux clients.

4. Si quelqu'un doit acheter votre produit, pourquoi devrait-il l'acheter auprès de votre entreprise plutôt que d'une autre entreprise ?

Mettez en avant vos différenciateurs concurrentiels et les atouts spécifiques de votre entreprise.

5. Si les clients ont décidé d'acheter auprès de votre entreprise, pourquoi devraient-ils acheter le produit ou le service auprès de vous personnellement, plutôt que d'une autre personne de votre entreprise ?

Identifiez les qualités et les compétences qui vous rendent un interlocuteur privilégié pour vos clients.

6. Qui est exactement votre client ? Qui achète chez vous le plus facilement ?

Segmentez votre clientèle en fonction de leur propension à l'achat et concentrez vos efforts sur les segments les plus prometteurs.

7. Pourquoi votre client achète-t-il votre produit ou service ? Quels avantages spécifiques le client reçoit-il de votre produit ou service ?

Comprenez les motivations d'achat et les bénéfices perçus par vos clients pour mieux répondre à leurs attentes.

8. Qui ou quel est votre concurrent pour le client ?

Identifiez vos concurrents directs et indirects, ainsi que les alternatives que vos clients pourraient envisager.

9. Pourquoi les clients achètent-ils chez vos concurrents ? Spécifiquement ? Savez-vous ?

Analysez les points forts de vos concurrents et les raisons qui poussent les clients à choisir leur offre plutôt que la vôtre.

10. Quels avantages les clients perçoivent-ils en achetant chez votre concurrent qu'ils ne perçoivent pas lorsqu'ils envisagent d'acheter chez vous ?

Identifiez les faiblesses perçues de votre offre par rapport à la concurrence et cherchez des moyens de les combler.

11. Quelles faiblesses les clients perçoivent-ils dans votre offre de produits ou de services ?

Soyez proactif et demandez directement à vos clients leurs impressions sur votre offre afin d'identifier les points d'amélioration.

12. Comment pouvez-vous compenser ces faiblesses perçues ?

Développez des stratégies pour remédier aux faiblesses identifiées et mettre en avant les points forts de votre offre

Qui sont vos non-clients ?

L'exploration du marché des «non-clients» : une opportunité de croissance

Plutôt que de se concentrer uniquement sur les clients existants, il est crucial d'analyser également les «non-clients», c'est-à-dire les personnes qui n'achètent pas votre produit ou service, ni ceux de vos concurrents. En comprenant leurs motivations et leurs perceptions, vous pouvez identifier de nouvelles opportunités de marché et élargir votre clientèle.

Comprendre les freins à l'achat des «non-clients»

Posez-vous des questions clés pour cerner les raisons qui empêchent les «non-clients» d'acheter :

- **Pourquoi n'achètent-ils pas ?** Quelles sont les barrières à l'achat perçues, telles que le prix, la valeur perçue, la connaissance du produit ou la disponibilité des alternatives ?

- **Que perçoivent-ils différemment ?** Identifiez les écarts de perception entre votre offre et les attentes des «non-clients».

- **Comment changer leurs perceptions ?** Développez des stratégies pour sensibiliser les «non-clients» aux avantages et à la valeur de votre produit ou service.

L'exemple d'Henry Ford : un cas d'école

L'histoire d'Henry Ford illustre parfaitement le potentiel de l'exploration du marché des «non-clients». Son automobile initiale était hors de prix pour la plupart des gens. Cependant, en identifiant les «non-clients» (les travailleurs moyens) et en réduisant les coûts grâce à la production en série, il a créé un marché entièrement nouveau et a connu un succès fulgurant.

Identifier vos propres opportunités

En suivant l'exemple de Ford, vous pouvez identifier vos propres «non-clients» et développer des stratégies pour les convertir en clients fidèles.

- **Analysez votre marché :** Identifiez les segments de population qui n'utilisent pas actuellement votre produit ou service.
- **Réalisez des études de marché :** Comprenez les besoins, les motivations et les perceptions des «non-clients».
- **Développez des offres adaptées :** Créez des produits ou services spécifiques qui répondent aux besoins et aux attentes des «non-clients».
- **Communiquez efficacement :** Mettez en avant les avantages et la valeur de votre offre auprès des «non-clients» en utilisant des canaux de communication pertinents.

Vendre à votre client idéal

Définir votre client idéal : la clé d'une prospection efficace

Pour réussir en vente, il est essentiel de cerner précisément votre client idéal. Imaginez que vous publiez une annonce dans le journal pour attirer les candidats parfaits pour un poste dans votre entreprise. De la même manière, décrivez en détail votre client idéal, en mettant l'accent sur ses caractéristiques essentielles, indépendamment de votre produit ou service.

Comprendre les données démographiques et psychographiques

Commencez par identifier les caractéristiques démographiques de votre client idéal, telles que :

- Âge
- Niveau d'éducation
- Revenu
- Profession
- Localisation géographique
- Situation familiale
- Mode de vie

Ensuite, explorez les données psychographiques, qui révèlent les motivations et les aspirations profondes de votre client idéal :

- Objectifs et désirs
- Inquiétudes et peurs
- Aspirations pour l'avenir

Identifier les caractéristiques clés

Une fois que vous avez dressé une liste complète des qualités démographiques et psychographiques de votre client idéal, analysez-la et sélectionnez les trois à cinq caractéristiques les plus importantes qui définissent les personnes les plus susceptibles d'acheter votre produit ou service.

Exemple concret : cibler les décideurs clés

Un exemple concret illustre l'importance de cibler les clients idéaux. Une entreprise nationale a ouvert un bureau à San Diego et souhaitait pénétrer le marché local. Ils ont identifié les six plus grandes entreprises de la région et ont ciblé les directeurs des achats, les décideurs clés pour les achats de systèmes commerciaux. En adoptant une approche patiente et ciblée, ils ont réussi à conclure des contrats avec chacune de ces entreprises sur une période de cinq ans.

Le concept de «gratuit et rentable» dans les ventes B2B

Dans les ventes B2B, les motivations d'achat principales sont souvent liées à la rentabilité. Les entreprises cherchent à gagner ou économiser de l'argent, ou à gagner du temps. Le concept de «délai de récupération» est crucial : les entreprises évaluent le temps nécessaire pour rentabiliser l'investissement dans un produit ou service.

Un produit ou service qui s'avère «gratuit et rentable» pour une entreprise est celui qui génère des bénéfices financiers supérieurs à son coût d'acquisition. En d'autres termes, l'investissement initial est rapidement amorti et génère un flux continu d'avantages financiers.

Cibler les prospects qualifiés

Pour maximiser vos chances de réussite, concentrez vos efforts de marketing et de vente sur les prospects qualifiés, c'est-à-dire ceux pour qui votre produit ou service peut être «gratuit et rentable». Ces prospects seront plus réceptifs à votre message et plus susceptibles de conclure un achat.

Convaincre le prospect d'acheter

Convaincre votre client idéal : les arguments clés pour conclure une vente

Après avoir défini précisément votre client idéal, l'étape suivante consiste à identifier les arguments les plus convaincants pour le persuader d'acheter votre produit ou service. Quels sont les éléments clés qui feront pencher la balance en votre faveur ?

Comprendre les motivations d'achat

Pour élaborer un argumentaire de vente efficace, il est essentiel de comprendre les motivations profondes de votre client idéal. Posez-vous des questions telles que :

- Quels sont ses besoins et ses défis spécifiques ?
- Que recherche-t-il en solution ?
- Quels sont ses critères de décision d'achat ?
- Quelles sont ses objections potentielles ?

Prioriser les arguments clés

En fonction de vos analyses, identifiez les arguments les plus pertinents et les plus convaincants pour votre client idéal. Ceux-ci peuvent inclure :

- **La valeur unique de votre offre :** En quoi votre produit ou service se différencie-t-il de la concurrence et apporte-t-il des avantages concrets à votre client ?
- **Les bénéfices tangibles :** Quels résultats concrets votre client peut-il espérer en utilisant votre solution ?

- **Les preuves et les témoignages :** Appuyer vos affirmations sur des données chiffrées, des études de cas et des témoignages de clients satisfaits.

- **L'urgence et la rareté :** Mettez en avant des offres spéciales ou des délais limités pour inciter à l'action immédiate.

Adapter votre message à chaque prospect

N'oubliez pas que chaque prospect est unique. Adaptez votre argumentaire de vente en fonction des besoins et des intérêts spécifiques de chaque individu. Personnalisez votre message pour démontrer votre compréhension approfondie de leur situation et de leurs défis.

Conclusion : le pouvoir d'une approche ciblée

En consacrant du temps à comprendre votre client idéal et en développant des arguments de vente convaincants, vous augmentez considérablement vos chances de conclure des ventes et de fidéliser vos clients. N'oubliez jamais que le succès en vente repose sur votre capacité à établir une connexion authentique avec vos prospects et à leur proposer des solutions qui répondent à leurs besoins spécifiques.

EXERCICES

1. Définir les avantages de la maîtrise de la prospection

- Quels sont pour vous les trois principaux avantages de devenir excellent en prospection ?

Réfléchissez aux bénéfices concrets que vous pouvez tirer d'une maîtrise de la prospection. Cela peut inclure une augmentation des ventes, une croissance de votre clientèle et une meilleure réputation professionnelle.

2. Identifier les caractéristiques des prospects

- Énumérez trois caractéristiques d'un excellent prospect pour ce que vous vendez.

Définissez les traits qui caractérisent un prospect idéal pour votre produit ou service. Cela peut inclure des critères démographiques, des besoins spécifiques ou des comportements d'achat.

- Énumérez trois caractéristiques d'un mauvais prospect pour votre produit ou service.

Identifiez les profils de prospects peu susceptibles d'être intéressés par votre offre. Cela peut vous aider à affiner votre ciblage et à éviter les efforts inutiles.

3. Comprendre l'objectif de votre produit ou service

- Dans quel but précis votre produit ou service est-il conçu pour améliorer la vie ou le travail de votre client ?

Articulez clairement la valeur que votre offre apporte à vos clients. Comment votre produit ou service peut-il améliorer leur quotidien ou leur activité professionnelle ?

4. Identifier vos atouts uniques

- Quelles sont vos trois caractéristiques de vente uniques ou avantages concurrentiels ?

Définissez les éléments qui vous différencient de vos concurrents. Quels sont vos points forts et vos arguments de vente uniques ?

5. Cibler les clients les plus adaptés

- Quels clients spécifiques sur le marché peuvent le mieux bénéficier des qualités ou des avantages particuliers de votre produit ou service ?

Identifiez les segments de clientèle les plus susceptibles d'apprécier les bénéfices de votre offre. Concentrez vos efforts de prospection sur ces groupes cibles.

6. Convaincre les clients potentiels

- Énumérez trois raisons pour lesquelles un client potentiel devrait acheter chez vous et votre entreprise plutôt que chez votre meilleur concurrent.

Développez des arguments convaincants qui expliquent pourquoi votre entreprise et votre produit constituent le meilleur choix pour le client potentiel. Mettez en avant vos atouts uniques et la valeur tangible que vous apportez.

7. Définir une action immédiate

- Quelle action allez-vous entreprendre immédiatement à la suite de ce que vous avez appris dans ce chapitre ?

Choisissez une action concrète que vous mettrez en œuvre dès maintenant pour améliorer vos compétences en prospection. Cela peut inclure la mise à jour de votre argumentaire de vente, l'identification de nouveaux prospects ou l'optimisation de votre approche de recherche de clients.

CHAPITRE 4

VENTE RELATIONNELLE

Le positionnement : la clé pour conquérir l'esprit et le cœur de vos clients

Dans le monde de la vente moderne, le concept de «positionnement» est devenu crucial pour le succès. Il s'agit de la perception que vos clients ont de vous et de votre entreprise, façonnée par l'ensemble de vos interactions. La première impression joue un rôle déterminant dans ce positionnement et peut avoir un impact considérable sur vos ventes.

L'importance d'un positionnement positif

Si un client vous aime, vous respecte et vous estime, et qu'il est convaincu de la qualité et de la valeur de votre produit, il est déjà à 95% du chemin vers l'achat. Avant même que vous ne prononciez un mot, sa perception positive aura fortement influencé sa décision.

Définir votre positionnement idéal

Posez-vous la question : comment vos clients vous perçoivent-ils, vous et votre entreprise ? Quels mots utilisent-ils pour vous décrire ? Réfléchissez à l'image que vous souhaitez véhiculer et aux qualités que vous voulez mettre en avant.

Le pouvoir du «positionnement à attribut unique»

La théorie du «positionnement à attribut unique» stipule qu'un seul attribut principal influencera la décision d'achat de votre client. Cet attribut, souvent associé à la première impression, deviendra le déclencheur qui le poussera à acheter, à renouveler son achat ou à vous recommander à son entourage.

Le cerveau : un entrepôt de fichiers mentaux

Imaginez le cerveau comme un immense entrepôt rempli de classeurs. Chaque client possède un dossier mental où il stocke toutes les informations et expériences le concernant, vous et votre entreprise, dès le premier contact. Vous avez également des dossiers mentaux pour chaque personne, lieu et situation de votre vie. Certains sont plus volumineux, comme ceux liés à vos proches ou à votre carrière, tandis que d'autres sont plus fins, comme un souvenir de restaurant dans une ville étrangère.

L'impact durable de la première impression

Chaque nouvelle expérience crée un nouveau dossier mental, et la première impression y est immédiatement stockée. Cette première impression exerce souvent une influence durable, parfois même pour le reste de la vie.

Le positionnement : un élément déterminant du succès

Votre positionnement dans l'esprit de vos clients influence directement leurs décisions d'achat. Il détermine s'ils achètent, à quelle vitesse, à quel prix et s'ils vous recommandent à d'autres. En maîtrisant votre positionnement, vous maximisez vos chances de succès et construisez des relations durables avec vos clients.

Le Triangle d'Or de la Vente

Les trois qualités clés des meilleurs vendeurs : ami, conseiller et professeur

D'après une étude menée auprès de milliers de clients, les meilleurs vendeurs du monde entier partagent trois qualités essentielles :

1. Ami

Les clients perçoivent le vendeur comme un ami sincère qui se soucie de leur bien-être, au-delà de la simple réalisation d'une vente. Cette relation de confiance et d'amitié incite les clients à rester fidèles au vendeur sur le long terme, même face à des offres concurrentes plus avantageuses. Comme le dit Shakespeare, «les amis que tu as éprouvés, une fois éprouvés, te lient à eux avec des cerceaux d'acier». Développer une amitié authentique avec vos clients crée des liens durables qui favorisent la fidélité et la récurrence d'achat.

2. Conseiller

Les clients considèrent le vendeur comme un expert de confiance qui leur prodigue des conseils avisés pour améliorer leur vie ou leur travail, tant en ce qui concerne le produit ou service vendu qu'en d'autres domaines. Cette posture de conseiller positionne le vendeur comme une référence incontournable dans son domaine, amenant les clients à privilégier ses offres par rapport à celles de la concurrence.

Un indicateur clé de cette perception est la tendance des clients à solliciter l'avis du vendeur lorsqu'ils sont confrontés à des propositions concurrentes. Cette confiance témoigne de la reconnaissance de son expertise et de son honnêteté dans la guidance des clients vers la meilleure décision.

3. Professeur

Les clients perçoivent les meilleurs vendeurs comme des éducateurs qui leur enseignent comment tirer le meilleur parti du produit ou service acquis. Ils vont au-delà de la simple vente en fournissant des informations contextuelles et en abordant les problématiques annexes pertinentes pour éclairer les choix des clients.

Cette approche pédagogique s'avère cruciale dans la vente moderne et impacte positivement les résultats sur le long terme. L'illustration suivante met en lumière l'importance de l'enseignement dans le processus de vente.

L'histoire d'IBM

IBM : une chute vertigineuse et un retour fulgurant grâce à la vente

Dans les années 1980, IBM était une référence mondiale. Un nouveau président, imprégné d'une nouvelle philosophie, a décidé de réduire l'importance de la vente dans la stratégie de l'entreprise. Convaincu qu'IBM était désormais une entreprise d'ingénierie, il a marginalisé les vendeurs et les a soumis à des tâches administratives chronophages. Les clients, délaissés, se sont tournés vers les concurrents qui proposaient un accompagnement plus personnalisé.

Les conséquences furent désastreuses : chute des ventes, du cours de l'action et de la réputation d'IBM. Le conseil d'administration a réagi en licenciant le président et en recrutant Lou Gerstner, ancien PDG de Nabisco. Ce dernier, conscient de la gravité de la situation, a fait appel à McKinsey & Company, un cabinet de conseil renommé.

Leurs investigations ont révélé que le succès d'IBM reposait sur la relation étroite que les vendeurs entretenaient avec les clients, les aidant à tirer le meilleur parti des produits acquis. La nouvelle approche, qui négligeait ce lien crucial, avait laissé le champ libre aux concurrents.

Face à ce constat, Gerstner a pris deux mesures décisives :

- **Renforcer considérablement la force de vente** en recrutant et en formant d'anciens employés d'autres services d'IBM.

- **Exiger que 75% du temps des vendeurs et managers soit consacré à l'accompagnement des clients**, délestant ainsi les équipes de la paperasse administrative.

Ces décisions audacieuses ont porté leurs fruits : IBM a rapidement renoué avec la croissance, passant de pertes massives à des profits conséquents. Le cours de l'action a bondi de plus de 50% et IBM a retrouvé sa place parmi les entreprises les plus admirées et les plus rentables au monde.

L'histoire d'IBM nous enseigne une leçon précieuse : ne jamais sous-estimer l'importance d'accompagner les clients pour qu'ils maximisent leur investissement dans nos produits ou services. Les abandonner après la vente est une erreur fatale qui ouvre la porte aux concurrents.

Le Triangle d'Or de la Vente : la clé du succès

Le Triangle d'Or de la Vente, qui consiste à être à la fois un ami, un conseiller et un enseignant pour vos clients, repose sur l'utilisation simultanée de ces trois approches dans votre activité commerciale. En maîtrisant chacune d'entre elles, vous propulserez vos résultats de vente vers de nouveaux sommets, tout en garantissant la satisfaction de vos clients. Ils achèteront davantage auprès de vous, et vos revenus en seront considérablement augmentés.

Vente de relation

L'amitié : la pierre angulaire de la vente relationnelle

Construire une connexion authentique

La vente relationnelle repose sur l'établissement d'une relation amicale avec vos clients. Cela implique de prendre le temps de les connaître, de poser des questions ouvertes et d'écouter attentivement leurs réponses. Développez un intérêt sincère pour leur vie dans son ensemble, en allant au-delà de leurs besoins professionnels pour comprendre leurs passions, leurs aspirations et leurs expériences passées. Ces éléments, souvent plus importants que le produit ou service lui-même, vous permettront de tisser un lien authentique et durable.

L'écueil de l'hyper-sensibilité

Si bien la qualité de la relation est primordiale, il est crucial d'éviter un piège potentiel. En vous souciant excessivement des sentiments du client, vous risquez de devenir trop sensible à ses moindres réactions. Cette volonté de plaire à tout prix peut vous amener à hésiter à présenter votre offre, à céder à des demandes déraisonnables, voire à sacrifier vos propres intérêts.

L'équilibre relationnel et commercial

N'oubliez jamais que si la relation est le fondement de la vente, elle n'en constitue pas l'unique pilier. Il est essentiel de maintenir un équilibre entre la construction de la relation et la poursuite de vos objectifs commerciaux. Une fois la confiance établie, ne craignez pas de présenter votre offre avec assurance et de guider le client vers une décision éclairée, tout en restant à l'écoute de ses besoins et en lui apportant une valeur réelle.

La vente relationnelle : un processus en profondeur

La vente relationnelle fera l'objet d'une exploration approfondie dans les sections suivantes de ce chapitre. Nous découvrirons ensemble les stratégies et techniques qui vous permettront de nouer des relations durables avec vos clients, de les fidéliser et de booster vos résultats commerciaux.

Vente consultative

Devenir un consultant de confiance pour vos clients

Se positionner comme un expert précieux

En adoptant une approche consultative, vous gagnez la confiance de vos clients en vous positionnant comme un expert capable de les aider à résoudre leurs problèmes ou à atteindre leurs objectifs. N'oubliez pas que les clients sont souvent débordés et recherchent des solutions qui leur apportent une réelle valeur ajoutée. En consacrant du temps à vos clients, ils doivent percevoir cet investissement comme rentable et bénéfique.

Poser des questions perspicaces pour cerner les besoins

En tant que consultant, votre rôle consiste à poser des questions réfléchies et profondes qui amènent vos clients à mieux cerner leur situation, leurs aspirations et leurs besoins réels. Ces questions intelligentes vous positionnent comme un atout précieux et incitent vos clients à s'ouvrir à vous et à renouveler l'expérience.

L'essence de la relation commerciale : l'apport de valeur

Si l'aspect relationnel et émotionnel est important, le véritable fondement d'une relation commerciale réside dans la conviction qu'elle apporte une amélioration significative à la vie ou au travail du client. En posant des questions pertinentes pour découvrir leurs problématiques et en prodiguant des conseils avisés pour les résoudre et les aider à atteindre leurs objectifs, vous devenez une ressource précieuse à leurs yeux.

Approfondir la vente consultative

Le chapitre 5 sera consacré à une exploration approfondie de la vente consultative. Vous découvrirez des stratégies et des techniques pour poser des questions puissantes, cerner les besoins réels de vos clients et leur proposer des solutions personnalisées qui génèrent une valeur tangible pour leur entreprise et leur vie.

Vente éducative

Devenir un éducateur pour vos clients : la clé de la vente et de la fidélisation

Enseigner pour susciter l'intérêt et la fidélité

En adoptant une posture pédagogique, vous vous positionnez comme un guide précieux, montrant à vos prospects comment tirer le meilleur parti de votre produit ou service. Cette approche d'enseignement présente un atout majeur : chaque «leçon» dispensée renforce le désir d'achat de vos clients et accroît leur fidélité envers vous et votre offre, même après l'achat.

L'éducation : un investissement pour le futur

Plus vous investissez du temps dans l'éducation de vos clients, plus ils seront aptes à parler de vos produits ou services à leur entourage et à en vanter les avantages. En transformant vos clients en experts informés, vous les convertissez en ambassadeurs de votre marque, prêts à recommander vos solutions à d'autres.

Les bénéfices d'une approche pédagogique

- **Augmentation du désir d'achat :** En comprenant mieux les avantages de votre offre, les clients sont plus enclins à passer à l'achat.

- **Fidélisation accrue :** Des clients éduqués et satisfaits sont plus susceptibles de rester fidèles à votre marque et de réaliser des achats ultérieurs.

- **Recommandations par le bouche-à-oreille :** Des clients enthousiastes deviennent des défenseurs de votre marque, générant un bouche-à-oreille positif et attirant de nouveaux clients.

Le fondement émotionnel des relations

L'ère de la vente relationnelle : le pouvoir des relations humaines

Le monde de la vente a connu une transformation majeure ces dernières années, passant d'un processus rapide et impersonnel à une approche plus lente et exigeante en termes de relations humaines. Aujourd'hui, le succès en vente repose avant tout sur la qualité des liens que vous établissez avec vos prospects et vos clients. Les vendeurs les plus performants sont ceux qui excellent dans l'établissement et le maintien de relations de confiance durables avec des personnes susceptibles d'acheter chez eux et de les recommander à leur entourage.

Les qualités clés pour des relations durables

Les mêmes qualités et comportements qui vous permettent de nouer des liens solides dans votre vie personnelle sont essentiels pour développer des relations de confiance à long terme avec vos clients. Theodore Levitt, professeur émérite de la Harvard Business School, prédit que toutes les ventes du XXIe siècle seront des ventes relationnelles. Elles dépendront en grande partie de la perception que le client a du vendeur et de l'entreprise qui propose les produits ou services.

Le pouvoir des émotions dans la prise de décision

Les gens ont tendance à faire des affaires avec des personnes qu'ils apprécient. Ils sont moins enclins à acheter auprès de personnes qu'ils n'apprécient pas, même si le produit ou service proposé répond à leurs besoins. Si la relation est positive, les détails ne seront pas un obstacle à la vente. En revanche, une relation négative peut enrayer le processus à chaque étape.

L'influence des émotions sur les perceptions

Les études révèlent que les décisions d'achat sont souvent guidées par les émotions, qui sont ensuite justifiées par la logique. Les gens sont largement influencés par leurs sentiments, qu'ils les expriment ouvertement, les répriment ou les ignorent. La règle fondamentale est que «les émotions faussent les évaluations». Cela signifie que toute émotion, positive ou négative, amplifie les actions et les réactions de l'individu concerné. Si vous suscitez de la sympathie chez une personne, elle sera plus encline à percevoir vos propos et vos offres sous un jour favorable. En revanche, une neutralité ou une aversion envers vous la poussera à adopter une vision négative.

Conclusion : l'importance de la connexion humaine

Dans le paysage commercial actuel, la capacité à tisser des relations authentiques et durables est essentielle pour le succès en vente. En investissant dans la qualité de vos interactions avec vos prospects et vos clients, vous construisez une base solide pour la confiance, la fidélité et une croissance commerciale durable. N'oubliez jamais que les gens achètent auprès de ceux qu'ils apprécient et font confiance.

L'amitié : le pilier d'un succès durable en vente

Tisser des liens authentiques pour booster votre performance commerciale

La clé pour exceller en vente réside dans la capacité à développer un réseau d'amitiés professionnelles solides et durables. Cette approche, fondée sur l'attention, la considération et la courtoisie, vous permettra de vous démarquer et d'atteindre des sommets dans votre domaine.

1. Démontrer votre intérêt sincère : l'attention

Accordez une attention particulière à vos clients en posant des questions pertinentes et en écoutant activement leurs réponses. Rappelez-vous, «les gens ne se soucient pas de ce que vous savez, jusqu'à ce qu'ils sachent à quel point vous vous souciez d'eux». Dès les premiers instants, les prospects se posent une question cruciale : «Est-ce que cette personne se soucie de moi ?».

2. Aller au-delà de la vente : la considération

Exprimez votre considération pour vos clients en vous intéressant à leur vie et à leur travail en dehors du cadre purement commercial. Même si cela peut sembler indirect, il s'agit souvent du moyen le plus rapide et le plus efficace de nouer des relations durables. En vous intéressant à vos clients, vous les incitez naturellement à s'intéresser à vous en retour et à vous apprécier davantage.

3. La courtoisie : une marque de distinction

Faites preuve de politesse, de gentillesse et de courtoisie envers toutes les personnes que vous rencontrez chez le client, et en particulier envers le client lui-même. Cette attitude vous distinguera de ceux qui se concentrent uniquement sur la vente au détriment des relations humaines.

4. Briser la glace dès le départ

L'une des meilleures façons d'entamer une première rencontre avec un client est de le remercier chaleureusement pour son temps. Une simple phrase comme «Merci beaucoup pour votre temps, je sais à quel point vous êtes occupé» suffit pour vous positionner comme un professionnel attentionné. Vous reconnaissez ainsi l'importance de son temps et l'appréciez à sa juste valeur. Cette marque de considération a généralement pour effet de détendre l'atmosphère et de rendre le prospect plus réceptif à votre message. Vous démarrez ainsi la relation commerciale sur de bonnes bases.

5. Cultiver des amitiés durables

Les vendeurs les plus performants considèrent chaque nouvelle interaction client comme l'amorce d'une amitié à long terme. Il n'est pas rare qu'une relation professionnelle débute par un simple contact et se transforme en une amitié durable, enrichissant tant la vie professionnelle que personnelle. Au cours de ma propre carrière, j'ai noué des amitiés commerciales qui perdurent depuis plus de trente ans, générant au passage des opportunités commerciales considérables.

La réputation : un atout stratégique pour la croissance et le succès

Le pouvoir d'une réputation solide

Les entreprises à la croissance la plus rapide et les plus rentables partagent un point commun : elles bénéficient d'une excellente réputation pour leurs produits et services. Prenons l'exemple de Nordstrom, connu à l'échelle nationale pour son service client exceptionnel. Face à des centaines de concurrents sur chaque marché, Nordstrom se démarque grâce à la qualité de ses interactions avec ses clients. Ce n'est pas un hasard : la réputation de Nordstrom, soigneusement cultivée à chaque contact client, est un élément clé de son succès.

Attirer les meilleurs talents grâce à une réputation positive

Le succès de Google repose en grande partie sur son aptitude à attirer des talents exceptionnels. Régulièrement classée parmi les «meilleurs employeurs», l'entreprise met tout en œuvre pour offrir une expérience de travail positive et enrichissante à ses collaborateurs. En conséquence, les experts et entrepreneurs les plus talentueux du secteur high-tech se pressent pour postuler à chaque ouverture de poste.

Votre réputation : un facteur déterminant pour l'avenir de votre entreprise

Posez-vous ces questions :

- Quelle est la réputation de votre entreprise ?
- Comment votre entreprise est-elle perçue, évoquée et décrite aux autres ?

- Quels mots les gens emploient-ils pour la décrire à un non-client ?

Les réponses à ces questions détermineront en grande partie l'avenir et le succès de votre entreprise.

L'exemple de Lion Coffee : le pouvoir d'un héritage

Dans les années 1800 et au début du XXe siècle, Lion Coffee était un producteur et exportateur de café renommé dans les îles hawaïennes. Sa réputation pour la qualité de ses produits, services, livraisons et efficacité était irréprochable. Au fil des décennies, l'entreprise a changé de propriétaires à plusieurs reprises avant de finalement fermer ses portes.

Des années plus tard, un groupe d'entrepreneurs décida de relancer une entreprise de café dans les îles hawaïennes. Au cours de leurs recherches, ils tombèrent sur l'histoire de Lion Coffee et son nom, encore légendaire pour la qualité de ses produits. Ils n'hésitèrent pas à payer plusieurs millions de dollars aux héritiers de la marque pour en acquérir les droits.

Même si l'entreprise n'était plus active depuis longtemps, le nom Lion Coffee conservait une telle puissance que les associations positives avec l'ancienne marque ont persisté après la relance. En quelques années, la nouvelle entreprise est devenue l'une des plus respectées et des plus prospères des îles hawaïennes, une position qu'elle conserve encore aujourd'hui.

Conclusion : Investir dans une réputation solide

Une réputation solide est un atout stratégique inestimable pour toute entreprise. En cultivant une image positive auprès de vos clients, de vos collaborateurs et de vos partenaires, vous attirerez des talents, fidéliserez votre clientèle et propulserez votre entreprise vers de nouveaux sommets. N'oubliez jamais que votre réputation est le reflet de vos valeurs et de votre engagement envers l'excellence.

Votre réputation : votre bien le plus précieux

En affaires comme dans la vie, votre réputation est votre atout le plus précieux. Elle représente l'ensemble des qualités et comportements pour lesquels vous êtes connu et dont on se souvient de vous. C'est la façon dont les gens vous perçoivent et parlent de vous. Comme le disait Shakespeare, «celui qui vole mon sac à main vole des choses insignifiantes, mais celui qui vole ma réputation vole tout».

Dans le monde des affaires, votre réputation, ou la perception qu'ont de vous vos clients, est le facteur déterminant de votre niveau de ventes et de vos revenus. Et la règle fondamentale en matière de réputation est que «tout compte» !

Chaque action, chaque parole, chaque promesse tenue ou non, contribue à façonner votre réputation. Bâtir une solide réputation prend du temps, de l'intégrité et un travail constant. À l'inverse, elle peut s'effondrer en un instant à la suite d'une seule erreur.

Dan Sullivan, coach d'affaires, identifie trois clés pour établir une réputation de qualité dans le domaine de la vente :

1. **Dites s'il vous plaît et merci.** La politesse est fondamentale dans toutes les interactions humaines, et encore plus dans le contexte professionnel.

2. **Soyez ponctuel.** Votre temps est précieux, mais celui de vos clients l'est tout autant. Respectez les horaires convenus pour démontrer votre professionnalisme et votre considération.

3. **Tenez vos promesses.** Lorsque vous faites une promesse à un client, assurez-vous de pouvoir la tenir. Votre fiabilité est essentielle pour établir une relation de confiance durable.

Si ces principes semblent simples, il est étonnant de constater combien de vendeurs négligent ces aspects fondamentaux. La politesse, la ponctualité et le respect des engagements sont des éléments clés pour bâtir une réputation solide et pérenne, qui vous permettra de vous démarquer et de prospérer dans votre domaine.

N'oubliez jamais que votre réputation est le reflet de votre valeur en tant que professionnel. Investissez dans sa construction chaque jour, et vous récolterez les fruits de votre engagement sur le long terme.

La réputation des meilleurs vendeurs

La perception qu'ont vos clients de vous est un élément crucial pour votre réussite en vente. C'est ce qu'ils pensent et disent de vous lorsque vous n'êtes pas là, **le résumé de votre réputation**. Les meilleurs vendeurs sont invariablement décrits de manière positive, voire enthousiaste, par leurs clients.

Les traits distinctifs des meilleurs vendeurs

En analysant les descriptions des clients, on remarque que les meilleurs vendeurs partagent des caractéristiques communes :

- **Ils travaillent pour le client.** Cela signifie qu'ils se concentrent avant tout sur les besoins et les objectifs du client, donnant l'impression qu'ils se soucient davantage de sa réussite que de la simple vente. Cette perception se construit en priorisant constamment les besoins du client, votre produit ou service passant au second ou troisième plan. Les clients décrivent parfois le vendeur comme «un membre non rémunéré de leur propre personnel», soulignant la disponibilité et la fiabilité du vendeur.

- **Ils sont des consultants, des amis et des conseillers de confiance.** Pour établir cette image de conseiller de confiance, le vendeur doit poser des questions pertinentes et chercher des solutions pour aider le client à progresser et à améliorer sa vie ou son entreprise. Plus vous vous investissez dans l'aide à votre prospect, plus il vous percevra comme un atout précieux et vous distinguera de vos concurrents.

- **Ils comprennent vraiment la situation du client.** Cette perception se construit en posant des questions continues sur la situation du client, en écoutant attentivement ses réponses et en proposant des idées et une assistance concrète.

L'importance de la relation client

- **Les clients recherchent la facilité.** Ils privilégient le chemin le plus simple et le plus rapide pour obtenir ce qu'ils veulent. Une fois qu'une relation de confiance est établie et que les clients ont l'impression que vous les comprenez parfaitement, ils seront réticents à recommencer le processus avec un nouveau représentant et une nouvelle entreprise.

- **Les gens s'installent dans une zone de confort.** Ils ont tendance à privilégier leurs habitudes et hésitent à changer ou à essayer de nouvelles choses. Par conséquent, en établissant et en entretenant des relations de qualité avec vos clients, vous augmentez les chances qu'ils restent fidèles à votre entreprise sur le long terme.

En conclusion, votre réputation dans l'esprit de vos clients est un élément essentiel de votre succès en vente. En incarnant les qualités des meilleurs vendeurs et en cultivant des relations durables avec vos clients, vous vous positionnerez comme un partenaire de confiance et indispensable, garantissant une croissance continue et une clientèle fidèle

L'erreur fatale de ne pas valoriser les relations client : une histoire édifiante

Un vendeur hors pair

L'histoire se déroule dans une entreprise manufacturière de la région de Chicago, spécialisée dans la vente de machines-outils à d'autres fabricants du Midwest. Un jour, les dirigeants de l'entreprise analysent leurs ventes annuelles et découvrent avec stupéfaction qu'un seul vendeur génère à lui seul 50% de leur chiffre d'affaires, soit plusieurs millions de dollars.

Ce vendeur, présent dans l'entreprise depuis vingt ans, a méticuleusement construit sa clientèle et constitué un solide «portefeuille d'affaires». Ses clients lui achètent des machines coûteuses année après année, même de génération en génération.

Une décision désastreuse

Commettant une grave erreur, les dirigeants décident que ce vendeur représente une part excessive de leurs ventes et qu'il gagne trop d'argent. Ils estiment que les clients lui appartiennent, et non au vendeur, et qu'il ne mérite pas une telle rémunération pour gérer ces comptes.

Convoquant le vendeur, ils lui annoncent leur décision de réduire de moitié son territoire et ses commissions, arguant qu'il est surpayé pour servir ses clients de longue date.

Le vendeur les met en garde

Le vendeur, calme et posé, leur rappelle que ces clients sont ses amis proches et que s'ils lui retirent ces comptes et réduisent ses revenus, il n'aura d'autre choix que de rejoindre un concurrent et d'emmener ses clients avec lui. Il ne souhaite pas en arriver là, mais il n'aura pas d'autre alternative si l'entreprise persiste dans sa décision.

Méconnaissance du pouvoir des relations client

Malheureusement, les dirigeants, n'ayant jamais exercé de fonction commerciale, appartiennent à la deuxième génération de l'entreprise et n'ont jamais travaillé sur le terrain. Ils supposent, à tort, comme le font souvent les personnes sans expérience en vente, que les ventes tombent du ciel et que le rôle d'un vendeur se résume à tendre un «seau» pour attirer des clients (et des revenus) et obtenir des commissions.

Les conséquences d'une décision aveugle

Les propriétaires de l'entreprise campent sur leurs positions et réduisent le territoire et les commissions du vendeur. Trente jours plus tard, ce dernier démissionne et rejoint un concurrent qui le courtise depuis des années. En douze mois, 90% de ses clients transfèrent leurs activités vers sa nouvelle entreprise.

L'entreprise qui a licencié le vendeur, le considérant comme un simple rouage dans son système de vente, frôle la faillite. Il leur faudra des années pour s'en remettre. Cette histoire illustre dramatiquement leur manque de compréhension de l'importance cruciale des relations entre vendeurs et clients, d'autant plus sur des marchés hautement concurrentiels où les offres de produits et services sont souvent similaires et interchangeables.

Moralité de l'histoire

Ne jamais sous-estimer le pouvoir des relations client. Un vendeur expérimenté et talentueux, qui a bâti des relations de confiance durables avec ses clients, représente un atout inestimable pour toute entreprise. En négligeant ces relations et en ne valorisant pas le travail de leurs meilleurs vendeurs, les dirigeants de cette entreprise ont commis une erreur fatale qui leur a coûté cher.

L'importance capitale des relations dans les ventes complexes et stratégiques

Le rôle crucial des relations dans les ventes importantes et complexes

Dans le domaine des ventes, l'importance des relations s'accentue davantage dans certaines situations et pour certains types de transactions. Plus la vente est importante et complexe, plus la relation entre le vendeur et le client devient un élément déterminant. En effet, face à une multitude de détails techniques et de complexités, le client se base souvent sur d'autres facteurs pour prendre sa décision, et ces «autres facteurs» se résument en grande partie à sa perception du représentant commercial.

L'influence des relations dans les achats impliquant plusieurs intervenants

Plus le nombre de personnes impliquées dans la décision d'achat est élevé, plus la relation entre le vendeur et les décideurs devient cruciale. Les clients, comme tout individu, sont sensibles aux sentiments et aux réactions des personnes avec lesquelles ils interagissent. Lorsqu'un décideur envisage l'achat d'un produit ou d'un service qui impliquera d'autres personnes dans sa mise en œuvre ou son utilisation, sa confiance envers le vendeur, qui assurera également le service après-vente, devient un facteur essentiel dans le processus de décision.

La relation comme facteur clé dans les achats à long terme

L'importance de la relation s'avère également primordiale lorsque le client achète un produit ou un service dont la durée de vie ou la décision d'achat s'étend sur une longue période. En effet, lorsqu'un client s'engage dans un achat pluriannuel, la relation avec le vendeur devient un élément déterminant pour garantir une expérience positive et une satisfaction durable.

IBM : un exemple emblématique de l'importance des relations

IBM s'est imposée comme l'une des entreprises les plus respectées au monde en grande partie grâce à sa réputation internationale d'excellence en matière de service client. En achetant un produit IBM, les clients ont la certitude de bénéficier d'une prise en charge rapide et efficace en cas de panne ou de dysfonctionnement. IBM a su cultiver une relation de confiance avec ses clients, les plaçant au cœur de ses priorités.

Le rôle essentiel des relations pour les nouveaux clients

Pour un premier acheteur de votre produit ou service, la relation avec le vendeur revêt une importance capitale. Lors d'un premier achat, le prospect est confronté à une décision incertaine et à un risque potentiel. Plus le nouveau client aura confiance en vous et en votre entreprise, plus il sera serein et disposé à conclure la vente.

Conclusion : Investir dans les relations pour des ventes réussies

Les relations humaines jouent un rôle essentiel dans le processus de vente, en particulier pour les transactions complexes, les achats impliquant plusieurs intervenants et les décisions d'achat à long terme. En investissant dans la construction de relations de confiance avec vos clients, vous augmentez considérablement vos chances de réussite et de fidélisation sur le long terme. N'oubliez jamais que le facteur humain est au cœur de toute transaction commerciale réussie.

Réduire le risque perçu : la clé pour booster vos ventes

Le risque : un facteur déterminant dans la décision d'achat

Dans le monde des ventes modernes, le risque, ou la perception du risque, joue un rôle crucial dans le processus de décision d'achat. Les clients sont prêts à payer un prix plus élevé pour minimiser le risque associé à un achat.

Préférer la certitude à l'incertitude

Face à deux options : un produit moins cher mais plus risqué et un produit plus cher mais moins risqué, le client choisira généralement la seconde option, préférant la certitude au risque d'une décision regrettable.

Apaiser les craintes du client

Une fois que vous avez établi que votre produit ou service correspond aux besoins et aux attentes du prospect, il est essentiel de dissiper ses doutes et ses inquiétudes. Les questions qu'il se pose sont nombreuses : «Est-ce que cela va fonctionner ?», «Est-ce un bon choix ?», «Vais-je perdre mon argent ?», «Est-ce que je paie trop cher ?», «Puis-je trouver moins cher ailleurs ?», «Si j'achète chez cette entreprise, le vendeur tiendra-t-il ses promesses ?».

Démontrer la faible prise de risque

Votre mission principale en tant que vendeur consiste à démontrer clairement au client, à travers des témoignages, des histoires et des anecdotes, que l'achat de votre produit ou service présente un risque minimal.

Contrecarrer les objections

Si le client vous objecte qu'il peut trouver votre produit moins cher ailleurs, répondez simplement : «Oui, bien sûr, mais à quel prix ?». Chaque fois que vous parvenez à suggérer ou à démontrer qu'acheter chez un concurrent implique un risque plus élevé que d'acheter chez vous, vous augmentez la valeur perçue de votre produit et réduisez la perception du risque.

Conclusion : Le risque, un levier pour augmenter vos ventes

En comprenant l'impact du risque sur la prise de décision d'achat et en adoptant une approche proactive pour dissiper les craintes de vos clients, vous pouvez considérablement augmenter vos chances de réussite et booster vos ventes. N'oubliez jamais que la réduction du risque perçu est un facteur clé pour convertir vos prospects en clients fidèles.

Le nouveau modèle de vente

Dans tous les domaines, les vendeurs les plus performants adoptent de plus en plus une approche que j'appelle «le nouveau modèle de vente». Ce modèle se distingue par sa structure en triangle inversé, divisé en quatre étapes clés :

1. Établir la confiance (40%)

La base du nouveau modèle de vente repose sur la confiance, élément essentiel de toute relation durable. Plus vous inspirez confiance au client, plus il sera réceptif à vos propositions. Posez des questions pertinentes, écoutez attentivement les réponses et démontrez un véritable intérêt pour ses besoins et ses objectifs.

2. Identifier précisément les besoins (30%)

La deuxième étape consiste à cerner précisément les besoins du client. Plus vous comprenez ses attentes et ses défis, plus vous serez en mesure de lui proposer une solution adaptée. N'oubliez pas que «vendre dans le désordre tue la vente». Prenez le temps de comprendre les besoins du client avant de présenter votre produit ou service.

3. Présenter votre solution de manière personnalisée (20%)

Adaptez votre présentation aux besoins spécifiques du client. Expliquez comment votre produit ou service répond concrètement à ses problématiques et lui apporte une valeur ajoutée. Utilisez ses propres mots et expressions pour lui montrer que vous avez compris ses enjeux.

4. Confirmation et clôture (10%)

Si vous avez suivi les étapes précédentes avec succès, la conclusion de la vente devrait se dérouler naturellement. Le client, confiant en votre expertise et convaincu de la valeur de votre solution, sera généralement disposé à passer à l'achat.

Le summum de l'excellence commerciale

Le sommet de l'excellence commerciale est atteint lorsque le client achète votre produit ou service sans même demander le prix. Cela témoigne d'un niveau de confiance extrêmement élevé et d'une conviction absolue quant à la valeur que vous apportez.

En conclusion, le nouveau modèle de vente met l'accent sur la construction de relations durables basées sur la confiance, la compréhension des besoins du client et la présentation d'une solution adaptée à ses enjeux spécifiques. En adoptant cette approche centrée sur la satisfaction client, vous augmenterez considérablement vos chances de réussite et de fidélisation.

L'art de l'écoute : la clé de la vente relationnelle et de la persuasion

La confiance et la crédibilité : piliers du succès

Dans le domaine de la vente relationnelle, la confiance et la crédibilité sont des éléments essentiels pour atteindre vos objectifs commerciaux. Le niveau de confiance que le client vous accorde—sa croyance en vos paroles et votre expertise—détermine directement vos ventes, votre rapidité à conclure des affaires, vos revenus et votre bien-être général. Cultiver ces deux qualités est donc crucial pour votre réussite.

Les 5 étapes d'une écoute efficace

Maîtriser l'art de l'écoute attentive est indispensable pour établir des relations de confiance et de crédibilité avec vos clients et prospects. En suivant ces cinq étapes clés, vous serez surpris de la rapidité avec laquelle vous pourrez tisser des liens solides et durables :

1. Posez des questions bien préparées

Soyez comme un avocat chevronné qui prépare son interrogatoire. Vos questions doivent être réfléchies, organisées et intelligentes, conçues pour obtenir des informations précieuses du client. Elles doivent suivre une progression logique, allant du général au particulier.

2. Écoutez attentivement les réponses

Pensez à un auditeur actif et engagé. Penchez-vous en avant, accordez toute votre attention au client et observez attentivement ses expressions faciales et son langage corporel. Ne l'interrompez pas, même si des idées vous viennent à l'esprit. Résistez à l'envie de parler et accordez-lui toute votre attention.

3. Faites une pause avant de répondre

Au lieu de réagir immédiatement aux propos du client, prenez quelques secondes de silence pour réfléchir. Cette pause est un signe de respect et d'écoute attentive. Elle vous permet également d'éviter les interruptions et de mieux cerner les pensées du client.

4. Posez des questions de clarification

C'est là que réside le véritable art de la conversation et la clé d'une vente réussie. Une fois que le client a terminé sa pensée et qu'un silence s'installe, supposez que vous ne comprenez pas parfaitement son message. Posez-lui une question de clarification comme «Comment voulez-vous dire ?». Cette question l'invite à développer son propos et vous permet de mieux saisir ses besoins et ses attentes.

5. Récapitulez et reformuler

Répétez les propos du client en utilisant vos propres mots. Cette technique, appelée «reformulation», permet de démontrer que vous avez écouté attentivement et que vous comprenez ses préoccupations. Paraphrasez ses problèmes, ses objectifs et ses besoins avec précision. Ce n'est qu'après avoir réitéré avec justesse ses attentes que vous pouvez commencer à présenter votre produit ou service comme la solution idéale.

Le pouvoir de l'écoute attentive

En maîtrisant ces cinq étapes et en pratiquant une écoute active, vous deviendrez un interlocuteur de confiance et crédible, capable d'établir des relations solides avec vos clients. N'oubliez jamais que l'écoute attentive est la clé d'une vente relationnelle réussie et d'une persuasion efficace.

Conseils supplémentaires pour une écoute active

- **Évitez les distractions** : Mettez votre téléphone en mode silencieux, fermez votre ordinateur portable et accordez toute votre attention au client.

- **Soyez empathique** : Comprenez les sentiments du client et montrez-lui que vous vous souciez de ses préoccupations.

- **Ne portez pas de jugement** : Acceptez les propos du client sans les critiquer ni les juger.

- **Posez des questions ouvertes** : Encouragez le client à s'exprimer en détail en posant des questions qui l'invitent à développer ses idées.

- **Maintenez un contact visuel** : Regardez le client dans les yeux pour lui montrer que vous êtes attentif et intéressé par ses paroles.

En appliquant ces conseils et en cultivant l'art de l'écoute attentive, vous transformerez vos interactions avec les clients en expériences positives et fructueuses, augmentant ainsi vos chances de réussite dans le domaine de la vente relationnelle.

Maintenir la relation après la vente

La psychologie du client après l'achat : Comprendre et répondre aux doutes et aux inquiétudes

Le début d'une relation, pas la fin de la vente

En réalité, la vente ne se termine pas lorsque le client dit «oui». C'est plutôt le début d'une relation durable. Pour le client, l'achat n'est que la première étape d'un processus plus long, et il est fréquent qu'une phase de «doute post-achat» s'installe après la prise de décision.

Gérer les remords de l'acheteur et rassurer le client

Immédiatement après l'achat, surtout pour des produits ou services onéreux, les clients peuvent ressentir des regrets ou une remise en question de leur choix. Ils se soucient du montant dépensé, des difficultés d'implantation de la solution ou de l'apprentissage du nouveau produit, et imaginent tous les scénarios négatifs possibles. Cette baisse de motivation peut les amener à envisager d'annuler la vente.

C'est pourquoi il est crucial de réagir rapidement à ces inquiétudes. Plus vite vous rassurerez le client et lui confirmerez qu'il a fait le bon choix, plus il sera confiant et plus la relation commerciale aura de chances de perdurer.

Renforcer le sentiment positif et créer un sentiment de réciprocité

Lorsque les clients achètent chez vous, ils peuvent avoir l'impression de vous avoir rendu service, créant ainsi un déséquilibre dans votre «compte bancaire émotionnel». Pour contrebalancer ce sentiment, il est important de leur témoigner votre gratitude et de leur apporter de la valeur dès que possible.

Un simple e-mail de remerciement, une lettre manuscrite ou un petit cadeau peuvent faire des merveilles. Offrir un panier-cadeau garni de produits gastronomiques de qualité est une excellente option, mais assurez-vous que les ingrédients soient irréprochables. Un cadeau de mauvaise qualité pourrait avoir l'effet inverse et nuire à votre image.

Maintenir le contact et cultiver la relation

Une fois la vente conclue, établissez un plan de communication régulier avec le client. La fréquence des contacts dépendra de la taille du client et de la nature de votre relation. Pour les petits clients, un e-mail ou une newsletter mensuelle peut suffire. Pour les clients les plus importants, des appels téléphoniques, des visites en personne et des lettres personnalisées peuvent être nécessaires.

L'objectif est de rester en contact, de montrer votre intérêt pour leur satisfaction et de maintenir une relation dynamique. Demandez au client la fréquence de contact qui lui convient le mieux et adaptez-vous à ses préférences.

En conclusion, la psychologie du client après l'achat est un aspect crucial de la vente relationnelle. En comprenant les doutes et les inquiétudes des clients et en y répondant de manière proactive, vous pouvez renforcer la confiance, cultiver

des relations durables et augmenter vos chances de succès à long terme.

Devenez un expert en relations

L'ère de la vente relationnelle : le pouvoir des relations durables

Dans le monde commercial actuel, la vente ne se résume plus à des transactions ponctuelles. Le succès réside désormais dans la construction de relations durables et solides avec les clients. Les meilleurs vendeurs l'ont compris et ont fait de l'expertise relationnelle leur atout principal. Ils savent que la qualité de chaque relation est directement proportionnelle au temps et à l'énergie qu'ils y consacrent.

Devenez un expert en relations : la clé du succès en vente

Pour exceller dans le domaine de la vente, il est indispensable de suivre l'exemple des meilleurs vendeurs et de devenir un expert en relations. Cela implique de rechercher constamment des opportunités pour démontrer à vos clients l'importance que vous accordez à votre relation avec eux.

Plus vous investissez dans la qualité de vos relations commerciales, plus vous récolterez de succès. En effet, des clients satisfaits et fidèles sont plus enclins à acheter vos produits ou services, à recommander votre entreprise à leur entourage et à renouveler leur collaboration avec vous sur le long terme.

N'oubliez pas que la vente relationnelle est un processus continu. Il ne s'agit pas simplement de conclure une vente et de passer à la suivante. Il s'agit de cultiver des relations durables basées sur la confiance, le respect et la compréhension mutuelle. En adoptant cette approche relationnelle, vous transformerez votre activité commerciale et atteindrez un niveau de succès inédit.

Voici quelques conseils pour devenir un expert en relations :

- Écoutez attentivement vos clients et comprenez leurs besoins.
- Communiquez de manière claire, concise et professionnelle.
- Soyez réactif et disponible pour répondre aux questions et aux préoccupations de vos clients.
- Dépassez les attentes de vos clients en offrant un service exceptionnel.
- Exprimez votre gratitude et votre appréciation à vos clients.
- N'oubliez jamais que vos clients sont la clé de votre succès.

Le pouvoir des relations authentiques dans les domaines de la vente

Dans des secteurs comme l'assurance, la gestion de patrimoine, la comptabilité et l'immobilier, votre capacité à tisser et à entretenir des relations sincères est un facteur déterminant de votre réussite financière.

La première vente : se vendre soi-même

Toute vente réussie débute par une «vente» essentielle : celle de vous-même. Développer des compétences relationnelles solides est crucial pour votre carrière. Les vendeurs performants se distinguent par leur maîtrise de l'art de se mettre en valeur et d'inspirer confiance.

La deuxième vente : obtenir du temps

Avant de demander à vos prospects de dépenser leur argent, vous devez d'abord obtenir leur attention et leur temps. L'idée centrale est qu'il est bien plus facile de «vendre du temps» que de «vendre pour de l'argent» dès le premier contact. L'une des erreurs les plus fréquentes des vendeurs est de présenter leur produit ou service avant d'avoir obtenu un rendez-vous, ce qui implique un engagement de temps et d'attention de la part du prospect.

La troisième vente : le produit ou service

Enfin, la troisième vente consiste à présenter et conclure la vente du produit ou service en lui-même.

Astuce : l'authenticité est essentielle

N'essayez pas de simuler une relation authentique. Trouvez un point commun avec votre prospect, qu'il s'agisse d'une activité partagée comme le sport ou d'un intérêt mutuel. Concentrez-vous sur ce qui vous rapproche. Si vous ne trouvez aucun terrain d'entente, il sera difficile d'établir la confiance nécessaire pour conclure la vente. Soyez prêt à passer à autre chose et à cibler des prospects avec lesquels vous avez une meilleure affinité.

Conclusion

Bâtir une carrière dans la vente implique de tisser des relations authentiques avec des personnes que vous appréciez et avec lesquelles vous partagez des affinités. En misant sur la sincérité et le lien humain, vous augmenterez vos chances de succès et de satisfaction professionnelle.

EXERCICES

Voici maintenant quelques exercices, y compris des questions que vous pouvez poser et auxquelles vous pouvez répondre, pour appliquer ces idées à vos activités de vente :

- Énumérez trois façons d'augmenter le « facteur amitié » dans chaque relation commerciale.
- Quels sont les trois éléments les plus importants de la réputation de votre entreprise sur votre marché ?
- Énumérez trois raisons pour lesquelles les clients sont réticents à nouer des relations commerciales avec de nouveaux vendeurs.
- Pourquoi la relation est-elle plus importante pour le client que le produit ou le service dans un marché concurrentiel ?
- Quelles sont les trois raisons les plus courantes de perte de ventes ?
- Quels sont les trois mots ou expressions les plus courants que les clients utilisent pour décrire les meilleurs vendeurs ?
- Quels sont les trois avantages les plus importants dont bénéficie un client dans une relation de haute qualité avec le vendeur ?

Enfin, quelle action allez-vous entreprendre immédiatement à la suite de ce que vous avez appris dans ce chapitre ?

CHAPITRE 5

VENDRE DE MANIÈRE CONSULTATIVE

Devenir un consultant de confiance : la clé du succès dans la vente consultative

Les vendeurs les plus performants et les mieux rémunérés se positionnent non seulement comme des amis, mais également comme des conseillers et des consultants auprès de leurs clients. La vente consultative va au-delà de l'établissement de relations cordiales. Elle exige de vous positionner comme un expert possédant l'expérience et la perspicacité nécessaires pour aider les clients à atteindre leurs objectifs.

Maîtriser l'art de la vente consultative vous permettra de vous hisser au sommet de votre domaine. Il s'agit d'un outil indispensable pour gérer des ventes et des comptes complexes où de nombreux facteurs sont en jeu et où la concurrence est féroce.

Si l'expérience et les connaissances sont des éléments clés de la vente consultative, le processus commence par votre apparence. Un look professionnel est indispensable pour inspirer confiance aux clients et les convaincre que vous êtes la personne la plus qualifiée pour les aider à résoudre leurs problèmes.

L'impact crucial de l'apparence dans le succès commercial

Dans le monde de la vente, l'apparence joue un rôle déterminant, bien au-delà de la simple esthétique. En effet, **85% de la première impression que vous faites sur un prospect dépendent de votre tenue vestimentaire**. Vos vêtements, qui couvrent la majeure partie de votre corps, envoient un message puissant sur votre professionnalisme, votre crédibilité et votre succès potentiel.

L'expérience personnelle de l'auteur : un parcours révélateur

L'auteur partage son expérience personnelle, illustrant l'impact direct de son apparence sur ses résultats en vente. Au début de sa carrière, ses vêtements négligés et bon marché sabotaient ses efforts. Malgré sa persévérance, il ne parvenait pas à atteindre son plein potentiel.

Le déclic : comprendre l'importance de l'image de soi

Un tournant s'est produit lorsqu'une amie lui a gentiment fait remarquer l'importance de son apparence dans le contexte professionnel. Guidé par ses conseils, l'auteur a commencé à soigner son image en investissant dans des vêtements de qualité et en apprenant les codes vestimentaires appropriés.

L'effet boule de neige : confiance, crédibilité et réussite

Le changement d'apparence a eu un impact fulgurant sur ses résultats. Ses ventes ont décollé, lui permettant d'accéder à des clients de plus en plus importants. Sa crédibilité et sa confiance en soi ont également augmenté, contribuant à son succès.

Le message principal : l'apparence, un investissement rentable

L'auteur souligne que **les vêtements que vous portez sont une déclaration de votre image de soi et de votre valeur professionnelle**. En soignant votre apparence, vous investissez dans votre crédibilité et dans la perception que les autres ont de vous.

Les clés d'une image professionnelle réussie

- **Observer et s'inspirer des meilleurs.** Analysez le style vestimentaire des personnes les plus performantes dans votre domaine et adoptez des éléments de leur style.
- **Soigner son apparence générale.** Cela inclut une coiffure impeccable, une barbe bien taillée et des ongles propres.
- **Porter des vêtements de qualité et adaptés à votre morphologie.** Investissez dans des pièces intemporelles et neutres que vous pouvez facilement combiner.
- **Choisir des accessoires discrets et élégants.** Évitez les bijoux voyants ou trop volumineux.
- **Adopter une attitude confiante et positive.** Votre langage corporel et votre expression faciale contribuent également à votre image professionnelle.

En conclusion, l'apparence est un facteur crucial dans le succès commercial. En soignant votre image et en adoptant un style vestimentaire professionnel, vous inspirez confiance, renforcez votre crédibilité et augmentez vos chances de réussite. N'oubliez pas que l'apparence est le reflet de votre valeur professionnelle, alors investissez dans votre image pour récolter les fruits du succès.

Qualités des vendeurs consultatifs

Devenir un consultant de confiance : l'art du comportement et de l'attitude

Dans le chapitre précédent, nous avons abordé la perception que les clients ont des meilleurs vendeurs dans chaque secteur. Ils les décrivent comme des partenaires, des consultants ou des conseillers de confiance, qui comprennent parfaitement leurs besoins et leurs situations.

Au-delà de l'apparence, c'est votre comportement et votre attitude qui façonnent la perception que le client aura de vous. Zig Ziglar l'a si bien dit : «Si vous voulez que les gens acceptent vos conseils, habillez-vous comme les personnes dont ils suivent déjà les conseils.»

Pour être perçu comme un consultant de confiance, vous devez adopter une posture et un comportement professionnels en toutes circonstances.

- Présentez-vous comme un consultant, et non comme un simple vendeur.
- Arrivez à la réunion parfaitement préparé.
- Posez des questions pertinentes et écoutez attentivement les réponses du client.
- Prenez des notes détaillées pour démontrer votre implication et votre attention.

Une règle fondamentale :

- Maintenez une attitude positive et enthousiaste lors de discussions générales.

- Dès que vous abordez les problèmes, les besoins ou les objectifs du client, adoptez un ton sérieux, réfléchi et attentif.

- Comportez-vous comme un «docteur en vente» face à un «patient» qui vous consulte pour ses maux.

En adoptant cette approche consultative, vous gagnerez la confiance du client et le positionnerez comme un partenaire précieux dans la recherche de solutions à ses problèmes. N'oubliez pas que les clients recherchent des experts de confiance qui peuvent les guider vers le succès. En leur offrant cette expertise et ce soutien, vous vous distinguerez de la concurrence et deviendrez un vendeur incontournable.

Trois types de clients

La vente consultative : adopter une approche centrée sur les résultats financiers

La vente consultative exige une transformation de votre perception et de votre positionnement au sein du compte client. En particulier dans le contexte B2B, il est crucial de **mettre l'accent sur les résultats financiers** que votre produit ou service peut apporter à l'entreprise, plutôt que de vous focaliser sur ses caractéristiques techniques ou son rapport qualité-prix.

C'est ce changement d'optique qui différencie le conseil de la vente pure. Il s'agit de passer de la perception d'un vendeur qui cherche à écouler un produit à celle d'un consultant stratégique capable d'optimiser les performances de l'entreprise.

Les clients B2B se préoccupent généralement de trois niveaux de valeur :

- **Niveau 1 : Performance du produit ou service**

Le client se pose la question fondamentale : «Est-ce que ça marche ? Est-ce que cela répondra à mes besoins et améliorera mon efficacité ?»

- **Niveau 2 : Rapport prix-performance**

Le client recherche la meilleure offre possible en termes de rapport qualité-prix. Il s'agit d'une préoccupation commune aux différents niveaux de l'entreprise, du directeur des ventes qui cherche à optimiser son budget de formation à vous-même, en tant que vendeur, qui évaluez le retour sur investissement d'une formation commerciale.

- **Niveau 3 : Impact financier global**

Aux plus hauts niveaux de l'entreprise, les décideurs, souvent appelés VITO» (Very Important Top Officer), s'intéressent uniquement à l'impact financier global de l'achat sur l'ensemble de l'organisation. Pour les convaincre, il est essentiel de présenter votre produit ou service en termes financiers concrets et de démontrer comment il contribuera à la rentabilité et à la croissance de l'entreprise.

En résumé

Chaque niveau de décision correspond à un langage différent. Votre mission en tant que vendeur consultant consiste à identifier le langage de votre interlocuteur et à adapter votre discours en conséquence. Parlez la langue de vos clients pour les toucher et les convaincre de la valeur réelle que votre offre peut apporter à leur entreprise.

Fais tes devoirs

La vente consultative : Maîtriser les processus clés du client pour une approche sur mesure

La connaissance approfondie des processus commerciaux du client est le pilier de la vente consultative. Un médecin ne saurait prodiguer des conseils ou prescrire un traitement sans un examen approfondi et des analyses complémentaires pour identifier précisément la pathologie du patient. Il en va de même dans le monde des affaires.

Avant de proposer la moindre solution ou plan d'action, il est indispensable de «faire ses devoirs». Renseignez-vous minutieusement sur l'activité du client, ses produits ou services phares, leurs prix de vente, le volume total des ventes générées et les types de résultats obtenus.

Ensuite, il est crucial de comprendre la structure des coûts d'exploitation de l'entreprise. Les coûts de distribution relatifs varient d'une organisation à l'autre. Dans certaines entreprises de services, les principaux coûts résident dans les salaires, les avantages sociaux et les primes, tandis que d'autres pâtissent davantage du coût des matières premières nécessaires à la fabrication de leurs produits.

Enfin, décryptez le mécanisme de génération des profits. Comprenez les conditions nécessaires à la rentabilité de l'entreprise et identifiez comment votre produit ou service peut contribuer à l'augmentation de ses bénéfices.

Quantifiez le problème ou l'opportunité du client en termes financiers. En analysant les sources de revenus, les coûts et les bénéfices, vous serez en mesure de proposer une aide et des conseils personnalisés visant à améliorer un ou plusieurs de ces aspects.

Déterminez le gain ou la perte potentielle liés à l'adoption ou non de votre solution.

N'oubliez jamais que l'argument financier demeure le plus puissant facteur de motivation pour l'achat d'un produit ou service. Proposer des solutions qui se traduisent par une amélioration tangible, notamment financière, pour le client sera votre atout majeur pour le convaincre.

En résumé, la vente consultative exige une compréhension approfondie des rouages de l'entreprise cliente. En maîtrisant ses processus clés, vous serez en mesure de proposer des solutions sur mesure qui répondent à ses besoins spécifiques et génèrent une valeur ajoutée incontestable.

Soyez un spécialiste de l'amélioration financière

La vente B2B : Maîtriser l'art de la rentabilité pour convaincre vos clients

Dans le monde des affaires, deux motivations principales guident les décisions : économiser de l'argent ou gagner du temps. Et pour que ces motivations soient concrétisées, les solutions proposées doivent offrir un retour sur investissement tangible, c'est-à-dire que les bénéfices générés doivent dépasser largement le coût de la solution elle-même.

La vente B2B repose donc sur la maîtrise de l'analyse coût-bénéfice. Votre mission en tant que vendeur-conseil est d'identifier un problème précis auquel le client est confronté et que votre produit ou service peut résoudre.

Pour ce faire, adoptez une approche méthodique et interrogative. Posez des questions ouvertes comme «Quels sont vos principaux objectifs commerciaux aujourd'hui et qu'est-ce qui vous empêche de les atteindre ?» ou «Quels sont les plus gros défis auxquels vous faites face sur le marché actuel ?».

Écoutez attentivement les réponses et évitez de tirer des conclusions hâtives. Continuez à poser des questions pour cerner le problème en profondeur et comprendre les enjeux réels du client.

Une fois le problème clairement identifié, quantifiez son coût financier. Posez des questions telles que «Combien ce problème vous coûte-t-il ?» ou «Quelles sont les répercussions financières sur votre entreprise si ce problème persiste ?».

Votre rôle est désormais double : consultant et «détective de problèmes». Vous recherchez un problème suffisamment coûteux pour que le coût de votre solution représente une fraction négligeable du gain financier potentiel pour le client.

En d'autres termes, votre objectif est de démontrer au client que votre produit ou service lui permettra d'économiser ou de gagner bien plus que son coût d'acquisition. Mettez l'accent sur les avantages financiers concrets que votre solution apportera à l'entreprise du client.

N'oubliez pas que la plupart des clients ne s'intéressent pas aux détails techniques de votre solution. Ils veulent savoir quels résultats ils obtiendront et comment votre solution améliorera leur situation financière.

Appliquez la règle des 90/10. En tant que consultant et conseiller financier, consacrez 90 % de votre temps à parler des bénéfices et des résultats de votre offre, et seulement 10 % à décrire vos systèmes et processus. C'est le juste reflet des priorités du client dans la plupart des cas.

> **En résumé**
>
> **La vente B2B exige une compréhension fine des motivations économiques des clients.** En démontrant la rentabilité tangible de votre solution et en vous positionnant comme un expert capable d'améliorer les résultats financiers de l'entreprise, vous gagnerez la confiance et la fidélité de vos clients.

Afficher le taux de rendement attendu

La méthode du taux de rendement interne (TRI) : Un modèle de vente puissant pour les produits à forte valeur ajoutée

Aux débuts de l'informatique, lorsque les ordinateurs centraux représentaient un investissement considérable et complexe pour la plupart des entreprises, IBM a développé une approche de vente simple pour commercialiser ses machines onéreuses à travers le monde. Cette méthode, connue sous le nom de «méthode du taux de rendement interne» (TRI), reposait sur une analyse financière rigoureuse et une compréhension approfondie des besoins du client.

Le principe était le suivant :

1. **Établir une relation de confiance avec le client.** Le représentant IBM commençait par développer une relation de qualité avec le client, en prenant le temps de comprendre ses processus métier et ses objectifs.

2. **Déterminer le taux de rendement interne attendu.** Il posait ensuite la question clé : «Quel taux de rendement interne (TRI) devez-vous obtenir pour justifier un investissement dans un tel achat ?»

3. **Présenter une analyse de rentabilité convaincante.** En se basant sur une analyse approfondie des activités du client, le représentant démontrait comment l'ordinateur IBM pouvait générer un TRI supérieur au taux d'emprunt de l'entreprise.

4. **Mettre en avant le retour sur investissement (ROI).** Le représentant soulignait que l'ordinateur serait amorti en un temps donné et générerait ensuite un profit net pendant sa durée de vie restante.

5. **Répondre aux quatre questions fondamentales du client.** En fin de compte, le représentant devait répondre aux quatre questions que se pose tout client avant de faire un investissement important :

- **Combien ?** Quel est le coût exact de votre produit ou service ?
- **Combien de temps ?** Quel est le délai de retour sur investissement ?
- **À quelle vitesse ?** En combien de temps vais-je obtenir les résultats financiers promis ?
- **Comment assurer ?** Comment puis-je être certain d'obtenir les résultats promis ?

En répondant à ces questions de manière claire et convaincante, en démontrant la valeur ajoutée tangible du produit et en mettant en avant le retour sur investissement potentiel, le représentant IBM augmentait considérablement ses chances de conclure la vente.

La méthode du TRI illustre l'importance d'une approche de vente centrée sur les besoins du client et la rentabilité. En se positionnant comme un expert capable d'améliorer les résultats financiers de l'entreprise, le vendeur devient un partenaire de confiance et augmente ses chances de succès.

Accepter la responsabilité des résultats

La vente consultative : De la simple recommandation à la responsabilité partagée du succès

Dans le monde de la vente inter-entreprises, une approche clé réside dans l'acceptation d'une responsabilité totale pour la mise en œuvre de la solution et l'obtention des résultats promis au client. Cette approche remplace l'ancien modèle où les consultants se contentaient d'effectuer des analyses, de rédiger des rapports avec des recommandations, et de disparaître après avoir encaissé leur chèque.

Aujourd'hui, les cabinets de conseil en gestion les plus réputés, tels que Bain et McKinsey, vont bien au-delà de l'analyse et des recommandations. Ils prennent en charge la responsabilité de travailler en étroite collaboration avec l'entreprise pour mettre en œuvre leurs solutions et garantir l'obtention des résultats promis. Ils démontrent ainsi que leur valeur ajoutée est «gratuite et rentable» pour le client.

En adoptant une approche de vente consultative, vous vous positionnez en tant que partenaire du client. Vous établissez une relation de confiance en mettant en avant des intérêts mutuels plutôt que divergents. Vous privilégiez la coopération à la compétition et la collaboration à la confrontation.

Dans vos discussions, employez systématiquement les pronoms «nous», «notre» et «nos» pour souligner cette approche collaborative. Par exemple, vous pourriez dire : «Suite à notre discussion, je pense que le problème auquel nous sommes confrontés aujourd'hui est le suivant. Ce que nous devons faire, c'est cela. Notre plus grande préoccupation est la suivante.»

En adoptant cette posture de partenaire responsable et en vous engageant à obtenir les résultats promis, vous gagnerez la confiance du client et vous positionnerez comme un allié précieux dans la réalisation de ses objectifs.

> **En résumé**
>
> **La vente consultative ne se limite pas à la vente d'un produit ou d'un service.** Il s'agit de s'engager aux côtés du client pour l'accompagner dans la mise en œuvre d'une solution et lui garantir le succès attendu. C'est en adoptant cette approche que vous vous démarquerez de la concurrence et que vous établirez des relations durables et fructueuses avec vos clients.

Créez votre positionnement

Les mots-clés qui définissent un consultant de vente performant

Lors de vos interactions avec les clients potentiels et les clients, votre objectif est de les amener à vous percevoir comme un consultant de confiance plutôt qu'un simple vendeur. Pour y parvenir, vous devez cultiver et renforcer certaines perceptions clés :

1. Expert : Les clients recherchent des interlocuteurs possédant une connaissance approfondie de leurs problématiques, besoins et contexte spécifiques. En consacrant du temps à comprendre leur secteur d'activité et en leur apportant des idées précieuses, vous vous positionnerez comme un expert digne de leur confiance.

2. Informé : Maintenez-vous à jour sur les tendances et les actualités de votre secteur en lisant des magazines spécialisés, en effectuant des recherches par mots-clés sur Google et en participant à des événements professionnels. Cela vous permettra d'engager des conversations intelligentes et pertinentes avec vos clients.

3. Conseiller : Adoptez une approche consultative plutôt que commerciale. Au lieu de chercher à vendre à tout prix, proposez des conseils et des recommandations sous forme de suggestions : «Je vous recommande de faire ceci...».

4. Ami : Développez une relation amicale et authentique avec vos clients. Montrez-leur que vous les appréciez et que vous vous souciez de leur réussite. Soyez amical, enthousiaste, posez des questions pertinentes et écoutez attentivement leurs réponses.

5. Assistant : Votre rôle est d'assister vos clients dans l'amélioration de leur situation, généralement en les aidant à réduire leurs coûts, à augmenter leurs profits ou à gagner en efficacité.

6. Résolveur de problèmes : Votre mission principale est d'identifier les problèmes rencontrés par vos clients et de proposer vos produits ou services comme solutions adaptées. En ce sens, vous agissez comme un «docteur en vente» qui diagnostique et traite les maux de son patient.

7. Questionneur : Les meilleurs consultants adoptent une posture interrogative. Ils posent au moins deux fois plus de questions qu'ils n'émettent d'affirmations. Peter Drucker résumait cette approche en disant : «Je ne suis pas un consultant, je suis un provocateur. Je ne donne pas de conseils, je pose des questions difficiles qui obligent mes clients à réfléchir avec plus de clarté.»

8. Auditeur : L'écoute attentive est une qualité essentielle pour un consultant de vente performant. De nombreuses études démontrent que les vendeurs les plus performants sont également d'excellents auditeurs. On ne dira jamais d'un vendeur performant qu'il est un «grand orateur», mais plutôt qu'il est un «grand auditeur».

Gagnez le droit

Devenir un consultant de vente : La clé du succès

Se positionner comme consultant en vente est crucial pour votre réussite. Pour gagner ce statut, une préparation rigoureuse est indispensable. Avant votre première rencontre avec un prospect, prenez le temps d'étudier son entreprise en profondeur. Cette première rencontre est l'occasion idéale de démontrer que vous êtes un partenaire de confiance.

Lors de cette rencontre, apportez des informations et des idées à partager avec le client. Vous pourriez, par exemple, mentionner une observation comme : «D'après mes recherches, votre industrie traverse trois transitions majeures : [les nommer]. Comment votre entreprise se positionne-t-elle face à ces changements ?»

Privilégiez une relation gagnant-gagnant avec vos clients. Montrez-leur que votre objectif principal est de les aider à améliorer leurs résultats clés, ceux qui sont les plus importants pour eux et leur poste. Soyez constamment à l'affût de solutions pour les aider à atteindre leurs objectifs grâce à votre produit ou service. Pour ce faire, posez des questions bien préparées et écoutez attentivement leurs réponses.

La vente consultative vous propulse dans une nouvelle catégorie de professionnels de la vente. Elle vous permet de vous démarquer de la concurrence et des discussions incessantes sur les coûts, les prix et les performances. En concentrant vos efforts sur la démonstration de la valeur financière que votre produit ou service peut apporter à vos clients, vous atteindrez des résultats de vente bien supérieurs à vos attentes.

En résumé, la vente consultative repose sur les principes suivants :

- **Préparation approfondie :** Étudiez minutieusement l'entreprise du client avant chaque interaction.
- **Apport de valeur :** Partagez des informations et des idées pertinentes pour le client.
- **Relation gagnant-gagnant :** Recherchez des solutions qui profitent mutuellement à vous et à vos clients.
- **Focus sur la valeur financière :** Démontrez comment votre produit ou service peut améliorer les résultats financiers du client.

Devenez un expert aux yeux de vos clients en les éduquant

En matière de renforcement de la confiance, de la crédibilité et de la création de valeur, l'éducation de vos prospects ou clients demeure une stratégie inégalée.

Saisissez l'opportunité d'informer vos clients sur leur propre entreprise, leur secteur d'activité ou une technologie nouvelle et pertinente. *Votre expertise et votre capacité à la partager vous positionneront instantanément comme un atout précieux pour eux. De plus, une leçon bien dispensée peut rendre votre produit ou service indispensable à leurs yeux.*

J'ai personnellement expérimenté le pouvoir de l'éducation dans la vente de produits technologiques. *Dans un environnement concurrentiel où le seul différenciateur était le temps consacré à informer le client sur les meilleures pratiques, l'état du secteur et la stratégie, j'ai constaté que l'enseignement des avantages de mon produit ou service conduisait invariablement à l'achat de la solution globale : le produit, l'entreprise et moi-même.*

Voici un format simple qui transformera vos conversations commerciales :

1. Racontez l'histoire de votre entreprise. Le mot clé ici est «histoire». Restez simple et commencez au début. Décrivez les principaux acteurs, leurs parcours et leurs personnalités. Utilisez les prénoms de vos collègues. Répondez à la question «pourquoi ?»: Pourquoi l'entreprise a-t-elle été créée ? Quel problème essayez-vous de résoudre ? Comment votre entreprise s'est-elle développée ? Quelles ont été les étapes clés du développement de votre solution ? Décrivez un ou plusieurs de vos clients existants et la valeur que vous leur apportez. Faites référence à l'avenir et à la manière dont votre produit peut aider vos prospects à atteindre davantage de leurs objectifs de manière rentable. Décrivez votre projet le plus passionnant et les avantages que votre client retire de l'utilisation de ce que vous vendez.

2. Parlez-leur des personnes qui ont créé votre produit ou service. Si vous ne connaissez pas les inventeurs originaux, renseignez-vous. Les histoires constituent un format éprouvé pour transmettre des informations, des leçons et du divertissement. Les humains sont programmés pour écouter des histoires, pas des présentations commerciales.

3. Expliquez pourquoi votre entreprise, vos collaborateurs et votre produit ou service correspondent parfaitement aux besoins de votre prospect. Une fois que votre prospect comprend le contexte de votre entreprise et de ses collaborateurs, il sera difficile pour un concurrent de paraître plus attractif, même s'il propose quelque chose que vous n'avez pas. Assurez-vous de dire aux clients que vous souhaitez vraiment faire affaire avec eux. Votre désir évident de les voir utiliser et bénéficier de ce que vous vendez peut-être très convaincant lorsqu'ils prennent leur décision finale.

EXERCICES

Voici maintenant quelques questions que vous pouvez poser et répondre pour appliquer ces idées à vos activités de vente :

- Quelles sont les trois choses que vous pouvez faire pour vous positionner en tant que consultant dans l'esprit de votre prospect ou client ?
- Comment les 10 % de professionnels de la vente les plus performants sont-ils décrits par leurs clients ?
- Sur quoi devez-vous vous concentrer et parler pour être perçu comme un consultant par vos prospects et clients ?
- De quelles trois manières votre produit ou service améliore-t-il la situation financière de votre client ?
- Quelles trois choses pouvez-vous faire pour mieux connaître les processus commerciaux de vos clients ?
- Comment pouvez-vous quantifier les résultats nets de l'utilisation de votre produit ou service ?
- Quelles mesures pouvez-vous prendre pour vous positionner en tant que partenaire de votre client ?

Enfin, qu'allez-vous faire différemment dans vos activités de vente grâce à ce que vous avez appris dans ce chapitre ?

CHAPITRE 6

IDENTIFIER AVEC PRÉCISION LES BESOINS

Comprendre les motivations d'achat : La clé d'une vente réussie

En matière de vente, il est essentiel de se rappeler que les clients achètent pour leurs propres raisons, et non pour les vôtres. La phase de questionnement d'une présentation commerciale est donc cruciale pour découvrir les besoins et problèmes réels du prospect que votre produit ou service peut potentiellement combler ou résoudre.

La vente est à la fois une science et un art. Les meilleurs vendeurs maîtrisent un ensemble de compétences qui leur permettent d'établir des relations solides et de distinguer les prospects qualifiés des simples suspects. En apprenant et en mettant en pratique ces techniques éprouvées utilisées par les vendeurs performants, vous pouvez considérablement améliorer votre efficacité et vos résultats.

Ce chapitre vous dévoilera quelques-unes des meilleures stratégies employées par les vendeurs les plus performants pour identifier précisément les besoins de leurs clients.

Voici quelques points clés à retenir :

- **Posez des questions ouvertes.** Encouragez vos clients à s'exprimer en leur posant des questions qui ne peuvent pas être répondues par un simple «oui» ou «non».

- **Écoutez attentivement.** Accordez toute votre attention aux réponses de vos clients et prenez des notes si nécessaire.

- **Posez des questions de suivi.** Approfondissez vos questions pour mieux cerner les besoins et les motivations de vos clients.

- **Identifiez les problèmes cachés.** N'hésitez pas à explorer au-delà des réponses évidentes pour découvrir les problèmes sous-jacents qui motivent réellement le prospect.

Posez des questions centrées sur les problèmes et les besoins

La réussite commerciale, quelle que soit la situation ou le client, repose sur deux piliers fondamentaux : poser des questions intelligentes et écouter attentivement les réponses.

Adoptez la posture de l'étudiant face à un expert. Imaginez avoir l'opportunité d'étudier votre sujet de prédilection auprès du plus grand expert mondial dans ce domaine. Vous vous retrouveriez dans une classe privilégiée, en tête-à-tête avec ce maître du savoir, qui partagerait avec vous des idées et des connaissances précieuses inaccessibles à quiconque d'autre. Comment vous comporteriez-vous ? Certainement seriez-vous ponctuel, parfaitement préparé, à l'écoute attentive et prendriez-vous des notes scrupuleuses de tout ce que le maître dispense.

C'est avec cette même attitude que vous devez aborder vos prospects. Ils sont les experts de leur situation unique, les gourous de leur entreprise, de leurs problèmes ou de leurs besoins. Ils détiennent l'autorité reconnue quant à l'utilité ou non de votre produit ou service. Votre rôle consiste à les traiter comme des sources de connaissances spécialisées dont vous souhaitez vous enrichir.

Les questions centrées sur les problèmes et les besoins révèlent des opportunités de vente. Plus vous posez de questions et plus vous écoutez attentivement les réponses, plus vous avez de chances de découvrir des opportunités, parfois inattendues, de vendre votre produit ou service.

Préparez vos questions à l'avance et réfléchissez soigneusement à leur formulation. Francis Bacon disait : «Écrire fait un homme exact.» En vente, il en va de même : chaque question doit être formulée avec précision et étudiée pour en optimiser l'impact. Parfois, de légères modifications dans la formulation d'une question peuvent susciter des réponses bien meilleures de la part de votre client, ce qui peut conduire à des ventes inespérées.

Entraînez-vous à poser vos questions de vente avec vos collègues, amis et membres de votre famille. N'oubliez pas que lorsque vous rencontrez un client, vous êtes «sur scène». Un acteur ne monterait jamais sur scène sans avoir soigneusement mémorisé ses répliques et les avoir répétées jusqu'à ce qu'elles coulent naturellement. Il en va de même pour vos questions de vente.

La technique de l'ordre du jour pour des réunions de vente percutantes

Utilisez la technique de «l'ordre du jour» avec chaque client pour des réunions de vente plus productives et efficaces. Cette approche demande un peu plus de préparation, mais les résultats en valent la peine.

Voici comment cela fonctionne :

1. **Préparez une liste de questions.** Commencez par des questions générales puis affinez-les progressivement. Tapez-les sur une feuille de papier à en-tête de votre entreprise.

2. **Créez un en-tête clair.** Indiquez le nom de l'entreprise du client, la date et l'heure de la réunion.

3. **Intitulez l'ordre du jour.** Écrivez «Ordre du jour de la réunion avec» suivi du nom du client (épelé correctement).

4. **Posez des questions claires et concises.** Rédigez 5 à 7 questions en gros caractères (16 points de préférence) en les espaçant pour permettre au client de prendre des notes.

5. **Adoptez une structure formelle.** Imaginez que vous préparez une réunion d'affaires importante avec plusieurs participants.

Lors de la réunion :

1. **Présentez l'ordre du jour.** Expliquez au client que vous avez préparé un agenda pour optimiser le temps de chacun.

2. **Remplissez les objectifs.** Distribuez une copie de l'ordre du jour au client et gardez-en une pour vous.

3. **Guider la discussion.** Utilisez l'ordre du jour comme fil conducteur pour la réunion.

4. **Approfondissez les questions.** Posez des questions secondaires et recueillez les commentaires du client pour enrichir la discussion.

5. **Prenez des notes.** Notez les informations importantes sur l'ordre du jour et sur un bloc-notes séparé.

Avantages de cette technique :

- **Respect du temps du client.** Vous démontrez que vous valorisez le temps précieux de votre client.
- **Professionnalisme.** Vous projetez l'image d'un vendeur organisé et compétent.
- **Crédibilité.** Vous gagnez en crédibilité aux yeux du client grâce à votre approche structurée.

- **Confiance en soi.** Un bon ordre du jour renforce votre confiance en vous et vous permet de mener la discussion avec assurance.

- **Positionnement en tant que consultant.** Vous vous positionnez comme un expert capable d'analyser les besoins du client et de proposer des solutions adaptées.

Créer une image de soi positive

En matière de vente, l'image de soi joue un rôle crucial dans votre efficacité. La façon dont vous vous percevez en interne se reflète inévitablement dans votre comportement externe.

La visualisation positive est un outil puissant pour transformer votre personnalité. Imaginez-vous comme un vendeur hors pair, calme, confiant et articulé dans chaque situation de vente. Visualisez le client comme étant réceptif, intéressé et désireux de découvrir ce que vous avez à offrir en termes de produits et de services.

Adoptez l'état d'esprit d'un consultant et d'un résolveur de problèmes compétent, plutôt que d'un simple vendeur. Certains consultants gagnent des centaines de milliers de dollars par an simplement en posant des questions pertinentes et en offrant des conseils précieux à leurs clients professionnels expérimentés. J'ai eu l'occasion de rencontrer plusieurs d'entre eux au fil des années. Ils ont tous un point commun : ils sont impeccables dans leur apparence et leur tenue vestimentaire. Ils ont l'air de réussir. Vous devez adopter la même attitude, la même apparence et le même style vestimentaire.

Considérez-vous comme un «détective de problèmes», à la recherche constante de situations où votre produit ou service peut apporter une solution. Plus vos réponses aux questions sur la spécialisation, la différenciation, la segmentation et la concentration (les quatre principes clés de la réflexion stratégique abordés au chapitre 3) seront claires et précises, plus vous identifierez d'opportunités de vente prometteuses.

Pour élargir votre base de clients potentiels, prenez l'habitude de lire les rubriques commerciales des journaux, des magazines économiques ou des sites Web spécialisés. Vous y découvrirez peut-être des prospects intéressés par vos produits ou services, que vous n'auriez pas remarqués sans une définition claire de votre client idéal.

Devenez docteur en vente

En tant que «docteur en vente», vous êtes responsable du bien-être de vos «patients», c'est-à-dire de vos clients. Adoptez une approche professionnelle et éthique dans toutes vos interactions, en les traitant avec respect et en vous souciant sincèrement de leurs besoins.

La distinction entre «client» et «patient» est cruciale. Un client représente une transaction ponctuelle, tandis qu'un patient est une personne que vous prenez en charge et accompagnez sur le long terme. Considérez vos clients comme des individus sous votre protection, et votre approche en sera transformée.

Lors de chaque rendez-vous, suivez les trois étapes clés d'un véritable docteur :

1. Examen approfondi (Phase d'identification du problème/ besoin):

- Posez des questions ouvertes et pertinentes pour cerner les défis et les objectifs de votre client.

- Écoutez attentivement et prenez des notes détaillées pour comprendre pleinement sa situation.

- Abstenez-vous de parler de votre produit ou service avant d'avoir terminé l'examen.

2. Diagnostic précis:

- Analysez les informations recueillies pour identifier le problème ou le besoin principal de votre client.
- Adoptez une approche similaire aux consultants hautement rémunérés qui mènent des recherches approfondies avant de formuler leurs recommandations.
- Confirmez votre diagnostic en confrontant vos conclusions à l'expérience du client.

3. Prescription sur mesure (Phase de présentation et de recommandation):

- C'est uniquement à cette étape que vous pouvez présenter votre produit ou service comme solution adaptée au problème identifié.
- Expliquez clairement comment vos offres répondent spécifiquement aux besoins et objectifs du client.
- N'oubliez pas que vous avez gagné le droit de faire une recommandation uniquement après avoir démontré votre expertise et votre compréhension profonde de la situation du client.

En adoptant l'état d'esprit et les pratiques d'un docteur en vente, vous vous positionnerez comme un professionnel digne de confiance, capable d'établir des relations durables et fructueuses avec vos clients. Votre professionnalisme inspirera le respect et l'estime, et vous serez en mesure de les guider vers des solutions qui leur apporteront une valeur réelle et durable.

N'oubliez pas :

- Un comportement professionnel irréprochable renforce votre confiance et votre crédibilité.
- Le succès en vente repose sur le souci sincère du bien-être de vos clients.
- Devenez un expert indispensable en diagnostiquant leurs problèmes et en leur proposant des solutions personnalisées.

Analyse des écarts : avant et après la vente

Votre capacité à identifier et à analyser précisément les écarts entre la situation actuelle de vos clients et leurs aspirations est un facteur déterminant dans le positionnement réussi de votre produit ou service. Adoptez l'état d'esprit d'un détective à la recherche de problèmes ou de besoins que votre offre peut combler de manière rentable.

Pour déclencher un achat, il est essentiel de créer une prise de conscience de l'écart existant. En d'autres termes, le client doit comprendre la différence entre sa situation actuelle et ce qu'il pourrait atteindre grâce à votre produit ou service. La règle est simple : «Pas d'écart ? Pas de vente !»

Prenons l'exemple d'un investissement. En analysant le portefeuille d'un client et en constatant qu'il obtient un rendement annuel moyen de 5%, vous lui démontrez qu'en réorganisant ses investissements, il peut atteindre un rendement de 10%. Cette différence de 5% représente l'écart entre sa situation actuelle et le potentiel que votre solution peut lui offrir.

L'une des approches efficaces pour mettre en évidence l'écart est la présentation «avant-après». Imaginez ces publicités télévisées pour des produits de perte de poids ou de fitness. La stratégie est simple :

1. **Attirer l'attention du prospect.** La publicité commence par une question ou une déclaration qui interpelle les personnes en surpoids : «Aimeriez-vous retrouver votre silhouette d'avant ? Lassé des programmes de perte de poids inefficaces ? Vous voulez perdre 30 kilos en 30 jours ?»

2. **Présenter le produit et ses avantages.** L'annonceur met en avant les caractéristiques remarquables de son produit et son efficacité rapide pour la perte de poids.

3. **Montrer la transformation.** Des images de personnes en surpoids avant d'utiliser le produit sont suivies d'images de ces mêmes personnes affichant un corps mince et sculpté.

4. **Réitérer l'offre de valeur.** La publicité rappelle l'offre alléchante : «Perdez 30 kilos en 30 jours ! Appelez ce numéro et commencez dès maintenant !»

La présentation «avant-après» permet de visualiser clairement l'écart entre la situation actuelle du prospect et son potentiel futur s'il utilise votre solution.

Posez-vous les questions suivantes pour identifier les écarts pertinents :

- Quel problème ou besoin votre produit ou service comble-t-il ?
- Quels sont les prospects qui souffrent d'un écart important entre leur situation actuelle et ce qu'ils pourraient atteindre avec votre solution ?

N'oubliez pas que l'écart doit être suffisamment conséquent et les avantages suffisamment substantiels pour motiver le prospect à investir le temps, les efforts et les ressources nécessaires à l'acquisition et à l'utilisation de votre produit ou service.

Votre rôle consiste à aider les clients à identifier l'écart entre leur réalité et leurs aspirations. Vous amplifiez ensuite cet écart en intensifiant le besoin perçu. Posez des questions comme : «Combien cela vous coûte-t-il ?» et «Combien cela vous coûte-t-il également ?» Votre objectif est d'élargir l'écart jusqu'à ce que le désir du client de résoudre le problème avec votre produit ou service devienne irrésistible.

Lorsque vos clients reconnaissent l'existence d'un problème, vous leur proposez une solution satisfaisante et rentable pour combler l'écart grâce à votre produit ou service. C'est à ce moment précis que la vente se concrétise.

> **En résumé**
>
> **L'analyse des écarts est un outil puissant pour identifier les opportunités de vente et motiver les clients à acheter votre produit ou service.** En adoptant cette approche, vous augmenterez considérablement vos chances de réussite

Attendez-vous à une résistance des ventes

Comment surmonter les objections initiales des clients : Transformer «Je ne suis pas intéressé» en opportunité

Lors d'une vente, «Je ne suis pas intéressé» est une phrase courante. Mais derrière ces mots se cache souvent un manque de compréhension des avantages de votre produit ou service. Si votre offre apporte une réelle valeur ajoutée au client, et qu'il exprime son désintérêt, cela signifie généralement que vous n'avez pas suffisamment mis en avant les bénéfices potentiels, ou qu'il n'a pas saisi l'opportunité.

Souvent, «Je ne suis pas intéressé» est une réaction instinctive et réflexe face à toute proposition commerciale. La paresse naturelle pousse le client à ne pas prêter attention à votre message. Pris par ses obligations quotidiennes, il n'a pas l'énergie mentale de s'engager dans une discussion commerciale. Par conséquent, il exprime son désintérêt pour se désengager rapidement.

Face à cette objection, voici une réponse efficace :

> «Ce n'est pas grave ; la plupart des personnes dans votre situation n'étaient pas intéressées non plus lorsque nous leur avons parlé pour la première fois. Mais aujourd'hui, ils sont devenus nos meilleurs clients et nous recommandent à leurs amis.»

Cette réponse permet de:

- Capter l'attention du client en le surprenant.
- Susciter la curiosité en mentionnant que d'autres personnes similaires ont été satisfaites.
- Ouvrir la porte à une discussion plus approfondie.

D'autres objections fréquentes et leurs réponses possibles :

- **«Je ne peux pas me le permettre»** : «Tout va bien ; la plupart des personnes dans votre situation pensaient la même chose au départ, mais elles font désormais partie de nos meilleurs clients.»

- **«Nous sommes satisfaits de notre fournisseur actuel»** : «Ce n'est pas grave ; la plupart des personnes dans votre situation étaient également satisfaites de leur fournisseur actuel, mais elles ont découvert que notre solution leur apportait une valeur ajoutée.»

L'idée clé est de répondre de manière calme et professionnelle, en soulignant que d'autres clients dans des situations similaires ont été conquis par votre produit ou service. Cela permet d'atténuer les objections et d'ouvrir la voie à une vente potentielle.

N'oubliez pas que la résistance des clients est normale et naturelle. Il ne s'agit pas d'une critique personnelle ou d'un manque d'intérêt pour votre produit. Cela signifie simplement que le client n'a pas encore compris tous les avantages que vous pouvez lui apporter.

Capacité à payer et volonté de payer

Névrose des prix : Comprendre et surmonter les objections liées au coût

Face à un nouveau produit ou service, la plupart des gens ont tendance à penser qu'ils ne peuvent pas se le permettre. Cette réaction instinctive, appelée «névrose des prix», se traduit par une réticence immédiate à connaître le prix.

Il est important de distinguer la capacité de payer de la volonté de payer. La plupart des gens ont les moyens financiers d'acquérir un produit ou un service, soit en utilisant leurs fonds propres, soit en recourant à des solutions de crédit. En réalité, la question n'est pas l'argent, mais le désir.

En posant la question «Si vous vouliez vraiment cette solution, pourriez-vous trouver l'argent pour l'acheter ?», vous obtenez généralement une réponse positive. Le problème réside donc dans le manque de motivation du client, et votre rôle est d'éveiller en lui un désir suffisamment fort pour qu'il ait envie d'acquérir votre produit ou service.

La résistance au paiement est liée à notre attachement à la liberté et à la flexibilité financière. Dépenser de l'argent réduit notre pouvoir d'achat et limite nos options futures. C'est pourquoi nous avons tendance à nous méfier de toute tentative de nous «priver» de notre argent.

La volonté de payer augmente proportionnellement au désir du client. Plus il est convaincu de la valeur de votre offre, plus il sera disposé à trouver les moyens financiers nécessaires pour l'acquérir.

L'objection du prix sera abordée plus en détail au chapitre 9. Pour l'instant, il est essentiel de comprendre que la névrose des prix est un obstacle psychologique à surmonter en stimulant le désir du client.

> **En résumé :**
>
> - La capacité de payer et la volonté de payer ne sont pas identiques.
> - La résistance au paiement est souvent liée à un manque de désir.
> - Augmenter le désir du client est crucial pour surmonter l'objection du prix.
> - La volonté de payer augmente avec l'intensité du désir.

Questions de qualification

L'art de poser des questions

En matière de vente, celui qui pose les bonnes questions détient le pouvoir. Tout le monde peut parler, mais seul un véritable professionnel de la vente sait poser des questions pertinentes qui guident le client pas à pas, le faisant passer du désintérêt total à un désir ardent d'en savoir plus sur le produit, voire de l'acheter.

L'utilisation de questions ouvertes est essentielle pour stimuler la réflexion du client. Ces questions ne permettent pas de répondre par oui ou par non, mais incitent à des réponses plus élaborées. Plus la réponse du client est détaillée, plus elle vous ouvre de nouvelles opportunités de vente. Elle révèle des besoins et des lacunes dont le client n'était peut-être pas conscient avant que vous ne les évoquiez.

Voici quelques exemples de questions ouvertes que vous pouvez poser :

- Que faites-vous actuellement dans ce domaine ?
- Comment cela se passe-t-il pour vous ?
- Que pensez-vous de cette situation ?
- Quels sont vos objectifs à long terme dans ce domaine ?
- Qu'essayez-vous d'accomplir, d'éviter ou de préserver dans ce domaine ?
- Quels types de problèmes ou de frustrations rencontrez-vous dans ce domaine ?
- Si je pouvais vous montrer un moyen d'améliorer considérablement vos résultats dans ce domaine, seriez-vous intéressé à en savoir plus ?

Plus vous posez de questions sur la situation actuelle du client et ses aspirations futures, plus vous susciterez des réponses qui révéleront ses problèmes et ses besoins. Plus vous posez de questions, plus vous découvrirez des opportunités de combler ces lacunes avec votre produit ou service.

La vente professionnelle ne consiste pas à manipuler le client. Il s'agit d'un processus de découverte des besoins et des problèmes réels de votre prospect, puis de lui démontrer que votre produit ou service peut lui apporter des solutions concrètes.

Votre capacité à poser des questions pertinentes et à écouter attentivement les réponses est la marque distinctive d'un véritable professionnel de la vente. En maîtrisant cet art, vous augmenterez considérablement vos chances de réussite et de nouer des relations durables avec vos clients.

N'oubliez pas :

- Les questions ouvertes encouragent la réflexion et des réponses détaillées.
- Les réponses du client révèlent des opportunités de vente et des besoins à combler.
- La vente professionnelle consiste à apporter des solutions aux problèmes réels du client.
- L'écoute attentive est essentielle pour comprendre les besoins du client.
- Maîtriser l'art de poser des questions est la clé du succès en vente.

La vente méthodique : Un processus structuré pour le succès

Aborder la vente de manière méthodique est crucial pour maximiser vos chances de réussite. *La capacité à utiliser des questions pour identifier les besoins du client est une compétence essentielle, mais elle requiert de la patience et de la pratique.*

Je recommande d'entamer la conversation de vente en disant : «Parlez-moi de votre entreprise». *Cette phrase simple et ouverte, mais puissante, permettra de révéler bien plus d'informations que n'importe quelle question spécifique. En débutant par cette invitation, vous encouragez naturellement le client à s'exprimer sur les défis et les opportunités auxquels il est confronté. Vous pouvez compléter cette phrase par une autre, telle que : «J'ai consulté votre site Web et j'ai une compréhension générale de votre activité, mais j'aimerais en savoir plus de votre part.»*

Munissez-vous d'un stylo et d'un papier pour noter les points clés mentionnés par le client. *Ces informations vous serviront ensuite à poser des questions ciblées et à démontrer votre intérêt réel pour sa situation. Les clients sont toujours impressionnés lorsqu'un vendeur prend le temps de noter leurs propos.*

En résumé

Voici les étapes clés d'une approche méthodique de la vente :

- **Commencez par une question ouverte :** *«Parlez-moi de votre entreprise.»*
- **Écoutez attentivement et prenez des notes.**
- **Posez des questions ciblées en fonction des informations recueillies.**
- **Démontrez votre compréhension des besoins et des défis du client.**
- **Présentez votre produit ou service comme une solution concrète.**

EXERCICES

Voici maintenant quelques questions que vous pouvez poser et répondre pour appliquer ces idées à vos activités de vente :

- Quelles trois questions utiliseriez-vous pour préparer la « clôture de l'ordre du jour » ?
- De quelles trois manières pouvez-vous vous positionner en tant que consultant plutôt que commercial ?
- Quels sont les trois problèmes ou besoins de votre prospect idéal que votre produit ou service pourrait résoudre ou satisfaire ?
- Lorsque des prospects disent : « Je ne suis pas intéressé », que veulent-ils vraiment dire ?
- De trois manières pouvez-vous augmenter le désir du client d'acheter votre produit ou service ?
- Quels sont les trois avantages que vous obtenez en posant des questions plutôt qu'en parlant ?
- Quelle est la lacune que votre produit ou service comble ? Énumérez trois écarts entre la situation actuelle de votre prospect et celle où il pourrait se trouver s'il achetait et utilisait votre produit ou service.

Enfin, quelle action allez-vous entreprendre immédiatement grâce à ce que vous avez appris dans ce chapitre ?

CHAPITRE 7

INFLUENCER LE COMPORTEMENT DU CLIENT

Les clés de la psychologie d'achat : Comprendre les motivations pour booster vos ventes

Pourquoi les gens achètent-ils ou non ? Pourquoi certains achètent-ils immédiatement tandis que d'autres hésitent longtemps, voire n'achètent jamais ?

De nombreuses années de recherche en psychologie motivationnelle ont été consacrées à la compréhension des comportements d'achat. Les vendeurs et les campagnes marketing les plus performants savent exploiter les motivations profondes qui poussent les gens à réagir et à répondre rapidement aux messages commerciaux.

Plus vous comprendrez les motivations des gens, plus vous serez en mesure de convertir rapidement des prospects en clients, d'obtenir des recommandations et de fidéliser votre clientèle, vous positionnant ainsi comme un leader dans votre domaine.

Chaque client a des besoins inconscients profonds qui doivent être satisfaits avant qu'une décision d'achat ne soit prise. Votre objectif est de répondre à un maximum de ces besoins, dès la première interaction avec le client, et de le faire le plus rapidement possible.

En résumé :

- Comprenez les motivations d'achat pour influencer le comportement des clients.
- Répondez aux besoins inconscients des clients pour créer des liens durables.
- Agissez rapidement pour convertir les prospects en clients satisfaits.

Ce qui pousse les clients à acheter

Accélérer le processus d'achat : Comprendre les déclencheurs pour des ventes plus rapides

Dans le monde de la vente, une question cruciale demeure : pourquoi certains clients achètent-ils plus rapidement que d'autres ? Plus précisément, quelles sont les stratégies et techniques pour raccourcir le cycle d'achat dès le premier contact ?

Le processus d'achat traditionnel se déroule en plusieurs étapes :

1. **Prospection :** Le vendeur contacte un prospect potentiel, sans certitude quant à son réel intérêt.

2. **Relation et confiance :** Le vendeur établit une relation de confiance avec le prospect.

3. **Découverte des besoins :** Une série de questions permet de cerner les besoins et désirs du client.

4. **Présentation :** Le vendeur démontre comment son offre répond aux besoins du client.

5. **Traitement des objections :** Le vendeur répond aux questions et objections du client.

6. **Conclusion de la vente :** Le vendeur incite le client à passer à l'action.

Ce processus peut prendre plusieurs semaines, voire plusieurs mois, surtout pour des produits complexes. Certaines entreprises estiment le cycle de vente complet entre 3 et 9 mois.

Cependant, dans de nombreuses situations, le processus d'achat s'accélère considérablement. Le prospect passe d'un intérêt léger à une décision d'achat en quelques minutes, sans évaluation approfondie ni comparaison avec des offres concurrentes. C'est ce qu'on appelle une «vente instantanée».

Comment expliquer ce phénomène ?

Des recherches menées depuis la publication du livre «Influence» de Robert Cialdini ont identifié et testé une série de «déclencheurs». En intégrant ces influences psychologiques d'achat dans votre approche commerciale et en les activant dès le début de la conversation, vous pouvez augmenter considérablement vos ventes et raccourcir le cycle d'achat.

L'utilisation de ces déclencheurs permet de court-circuiter le processus de prise de décision du client et de l'accélérer significativement.

L'amitié : La clé pour déclencher des achats rapides

Comme évoqué dans le chapitre 4 sur la vente relationnelle, les décisions d'achat sont avant tout guidées par les émotions. Les gens achètent d'abord sur un coup de tête et justifient ensuite leur choix de manière rationnelle.

C'est pourquoi il est crucial de développer une relation amicale avec le prospect. Les gens ont tendance à acheter auprès de ceux qu'ils apprécient, même si le produit ou service proposé n'est pas le plus intéressant du marché.

En effet, les principaux freins à l'achat sont la peur, le scepticisme et le souvenir d'expériences d'achat négatives passées. Un vendeur amical permet de briser la glace et de dissiper ces appréhensions.

Comment créer ce lien d'amitié ?

1. Trouvez des points communs : Prenez le temps de découvrir ce que vous avez en commun avec le prospect. Cela peut être un hobby, un intérêt, une expérience professionnelle ou une opinion similaire. En établissant un lien personnel, vous rapprochez le prospect et réduisez la distance entre vous.

2. Habillez-vous de manière similaire : L'apparence joue un rôle important dans la première impression. Adoptez un style vestimentaire proche de celui de votre clientèle pour favoriser l'identification et la confiance.

3. Adoptez une communication synchronisée : Observez le langage corporel, le rythme de parole et la respiration du prospect. Adaptez votre communication en synchronisant votre voix, vos gestes et votre respiration avec les siens. Cela crée une impression de connexion et de compréhension mutuelle.

En appliquant ces conseils, vous parviendrez à établir des relations amicales plus rapidement avec vos prospects, réduisant ainsi les barrières à l'achat et augmentant vos chances de réussite.

N'oubliez pas :

- L'amitié est un facteur clé dans le processus d'achat.
- Trouvez des points communs pour créer un lien personnel.
- Habillez-vous de manière similaire à votre clientèle.
- Synchronisez votre communication avec le prospect.

L'art de la réciprocité : Influencer positivement vos clients

Développer une relation amicale et des intérêts communs est une première étape essentielle pour influencer psychologiquement vos clients. Cependant, d'autres déclencheurs d'achat sous-jacents peuvent avoir un impact significatif sur leur décision.

L'un des plus puissants est la loi de la réciprocité. Cette loi stipule que «si vous faites quelque chose de bien pour moi, j'aurai envie de faire quelque chose de bien pour vous en retour». Les humains semblent avoir un «gène de l'équité» inné qui les pousse à vouloir «rendre la pareille», que ce soit de manière positive ou négative. Dès l'enfance, nous aspirons à l'équité et sommes généralement offensés par ce que nous percevons comme un manque de justice.

Chaque fois que vous faites quelque chose de gentil pour une autre personne, elle se sent inconsciemment motivée à vous rendre la pareille. Si vous sortez déjeuner avec quelqu'un et qu'il paie la note, vous insisterez probablement pour payer la prochaine fois. C'est comme si nous avions un compte avec chaque personne que nous rencontrons, et nous ne voulons pas que ce compte soit en déficit.

En appliquant ce principe dans vos interactions avec les prospects, vous pouvez influencer positivement leur décision d'achat. Offrez-leur un cadeau, un livre utile, une information précieuse ou même un simple geste de courtoisie. Ces petites attentions les conditionneront inconsciemment à vouloir vous «rendre la pareille», ce qui peut se traduire par un achat, une recommandation ou une collaboration.

J'ai personnellement observé l'efficacité de cette loi dans des situations où un PDG d'une grande entreprise préparait lui-même un café pour un visiteur venu pour des négociations. En prenant soin de son confort et en lui offrant un accueil chaleureux, le PDG créait une atmosphère de confiance et de réciprocité. Le visiteur était ainsi plus enclin à se montrer ouvert aux suggestions et propositions du cadre supérieur.

En résumé :

- Appliquez la loi de la réciprocité pour influencer positivement vos clients.
- Offrez-leur des petites attentions pour les conditionner à vouloir vous «rendre la pareille».
- Créez une atmosphère de confiance et de réciprocité pour favoriser des décisions d'achat favorables.

Les trois formes de la réciprocité et leur impact sur les clients

La loi de la réciprocité joue un rôle crucial dans l'influence des décisions d'achat. Pour l'exploiter efficacement, il est important de comprendre ses trois formes principales : émotionnelle, physique et mentale.

1. Réciprocité émotionnelle :

- **Principe :** «Si tu me fais du bien, je te ferai du bien».
- **Déclencheurs :** Poser des questions, écouter attentivement, sourire, montrer de l'intérêt sincère.
- **Exemple :** Offrir des fleurs, un cadeau attentionné ou simplement un accueil chaleureux.
- **Effet :** Provoque un sentiment de bien-être chez le client, le poussant inconsciemment à vouloir vous «rendre la pareille».

2. Réciprocité physique :

- **Principe :** «Si tu me donnes quelque chose, je te donnerai quelque chose en retour».
- **Déclencheurs :** Offrir des cadeaux, des remises, des faveurs matérielles qui améliorent la vie du client.
- **Exemple :** Proposer un échantillon gratuit, une remise exclusive ou un service complémentaire.
- **Effet :** Crée un sentiment d'obligation envers vous chez le client, le motivant à vous «rembourser» d'une manière ou d'une autre.

3. Réciprocité mentale :

- **Principe** : «Si tu me donnes une information précieuse, je te serai reconnaissant».

- **Déclencheurs** : Partager des idées, des conseils, des techniques ou des stratégies qui profitent au client.

- **Exemple** : Fournir un contenu informatif, une astuce utile ou une solution à un problème du client.

- **Effet** : Génère un sentiment de gratitude chez le client, l'incitant à vouloir vous «remercier» en vous choisissant.

En déclenchant les trois formes de réciprocité, vous créez un lien puissant avec vos clients. Ils se sentent valorisés, appréciés et redevables, ce qui augmente considérablement vos chances de les convertir en clients fidèles et enthousiastes.

N'oubliez pas :

- Recherchez des opportunités de déclencher la réciprocité dans chaque interaction client.

- Adaptez votre approche en fonction de la forme de réciprocité la plus susceptible de résonner avec le client.

- Soyez sincère et authentique dans vos actions pour établir une relation de confiance durable.

Frapper au cœur de leurs besoins

Pour influencer efficacement les décisions d'achat, il est crucial de comprendre et de répondre aux besoins et désirs profonds de vos clients. Chaque prospect est motivé par des aspirations, des rêves et des objectifs qui touchent souvent à l'émotionnel. En identifiant et en abordant ces besoins fondamentaux, vous déclenchez une réaction positive et augmentez vos chances de les convertir en clients satisfaits.

L'identification précise des besoins est donc essentielle. Plus vous consacrez de temps à comprendre les véritables aspirations, les manques et les désirs de vos clients, tant dans leur vie personnelle que professionnelle, plus ils seront réceptifs à votre message et à votre offre.

Un exemple concret : Un ami vendeur prospère de services financiers utilise une approche efficace pour capter l'attention des prospects dès le premier contact. Lors d'événements de réseautage ou de rencontres sociales, il pose des questions ouvertes sur leur parcours professionnel, leurs aspirations et leur satisfaction au travail. En retour, les prospects, naturellement curieux, s'intéressent à son activité et ses réalisations. La question la plus fréquente est généralement : «Quel genre de travail faites-vous ?».

La réponse de mon ami est astucieuse : «Je rends le travail facultatif pour les propriétaires d'entreprise.» Cette phrase déclenche immédiatement une réponse émotionnelle et suscite l'intérêt : «Comment faites-vous cela ?».

Il poursuit en expliquant : «Prenons quelques minutes pour discuter de comment je peux vous aider à atteindre cet objectif. Vous ne souhaitez pas nécessairement arrêter de travailler, mais vous aimeriez pouvoir prendre des congés sans vous soucier de la gestion de votre entreprise, n'est-ce pas ?».

Cette approche touche un point sensible pour la plupart des entrepreneurs : le désir de liberté et d'équilibre entre vie professionnelle et vie personnelle. En focalisant sur ce besoin profond, il attire instantanément l'attention et suscite le désir d'en savoir plus.

En résumé :

- Identifiez les besoins et désirs profonds de vos clients.
- Articulez votre offre en termes de résultats et d'avantages concrets pour le client.
- Déclenchez un désir immédiat d'achat en décrivant la transformation positive que votre produit ou service apportera à leur vie.

Le pouvoir de la cohérence : Influencer les décisions d'achat

Le désir de cohérence joue un rôle crucial dans les comportements d'achat des clients. Les gens ont tendance à agir en accord avec leurs choix passés, leur image de soi idéale et leurs stratégies d'achat habituelles.

Comprendre ces principes vous permet d'influencer positivement leurs décisions.

1. Exploitez l'historique d'achats :

- Interrogez les prospects sur leurs achats antérieurs et leurs motivations.
- Adaptez votre présentation en démontrant la cohérence de votre offre avec leurs habitudes d'achat passées.

2. Tirez parti de l'image de soi idéale :

- Utilisez des phrases qui évoquent l'image de soi idéale du client (ex : «entreprises de pointe», «entreprises à la croissance la plus rapide»).
- Suscitez le désir de se conformer à ces standards en présentant votre produit comme un moyen d'y parvenir.

3. Identifiez la stratégie d'achat du client :

- Déterminez la méthode habituelle du client pour prendre des décisions d'achat similaires.
- Adaptez votre approche de vente en respectant sa stratégie tout en la guidant subtilement vers votre offre.

4. Renforcez la cohérence :

- Reprenez les éléments clés de l'historique d'achat et de la stratégie du client.
- Montrez en quoi votre offre s'inscrit parfaitement dans sa logique d'achat.

En appliquant ces principes, vous réduisez la résistance à l'achat et augmentez les chances de conclure des ventes.

N'oubliez pas :

- La cohérence est un puissant facteur de motivation.
- Comprenez les habitudes d'achat du client et alignez votre approche en conséquence.
- Faites en sorte que votre offre apparaisse comme un choix naturel et cohérent.

Le pouvoir irrésistible de la preuve sociale : Convaincre vos clients par le témoignage

Parmi les influences d'achat les plus puissantes, la preuve sociale occupe une place prépondérante. Les gens sont naturellement enclins à suivre les recommandations et les choix d'autres individus qui leur ressemblent. La question «Qui d'autre que je connais et respecte a acheté ce produit ?» est souvent la première que se pose un client potentiel.

Plusieurs facteurs déclenchent l'influence de la preuve sociale :

- **Similarité professionnelle :** Les personnes exerçant le même métier et ayant acheté votre produit ou service sont susceptibles d'influencer la décision d'achat.
- **Affinités personnelles :** Les individus partageant vos goûts, vos loisirs et ayant acheté votre produit ou service auront également un impact sur votre client potentiel.
- **Valeurs communes :** Des personnes ayant des intérêts, des désirs, des origines, des cercles familiaux ou des convictions religieuses ou politiques similaires déclencheront souvent une décision d'achat immédiate.

La preuve sociale exploite la paresse naturelle des clients. Ils recherchent des raccourcis pour simplifier leurs choix d'achat, notamment pour des produits ou services dont ils ont besoin ou envie. Cependant, ils font face à des obstacles psychologiques importants : s'assurer que le produit est adapté, correctement tarifé, accessible, efficace et capable de délivrer les résultats promis. Évaluer tous ces aspects prend du temps, c'est pourquoi le processus de vente traditionnel nécessite souvent plusieurs rendez-vous pour répondre à toutes les objections et inquiétudes du prospect. Ce n'est que lorsqu'ils atteignent un niveau élevé d'assurance que leurs besoins seront satisfaits de manière rentable qu'ils peuvent acheter.

Or, lorsqu'une personne que le prospect connaît et respecte a déjà acheté le produit ou service, elle a en réalité déjà effectué le «gros du travail». On suppose qu'elle a déjà vérifié la valeur du produit ou du service et qu'il s'agit d'un bon choix. Par conséquent, le client potentiel se dit : «Je peux acheter ce produit ou service en toute sécurité sans poser d'autres questions, car d'autres personnes comme moi l'ont déjà fait.»

En résumé :

- Exploitez la preuve sociale pour renforcer la crédibilité de votre offre.
- Mettez en avant les témoignages de clients satisfaits qui partagent des caractéristiques similaires avec vos prospects.
- Facilitez la découverte de ces témoignages sur votre site web, vos réseaux sociaux et vos supports marketing.

Outils de preuve sociale

Les outils de preuve sociale ultimes pour déclencher des achats immédiats

Pour influencer positivement les décisions d'achat, les témoignages de clients satisfaits sont des armes redoutables. Ces témoignages peuvent prendre différentes formes : lettres, listes, photos et vidéos.

1. Les témoignages vidéo :

- **Faciles à réaliser** : Utilisez votre smartphone pour filmer des clients enthousiastes partageant leur expérience positive avec votre produit ou service.
- **Impact puissant** : Les vidéos suscitent un engagement émotionnel fort et renforcent la crédibilité de votre offre.

2. Les lettres de recommandation :

- **Dissoudre les objections** : Des lettres positives de clients satisfaits peuvent dissiper instantanément les réticences à l'achat.
- **Simplifier la rédaction** : Proposez d'écrire la lettre pour le client, qu'il signera ensuite sur son papier à en-tête.

3. Les listes de clients satisfaits :

- **Crédibilité instantanée** : Une liste de clients prestigieux ayant acheté votre produit ou service renforce la confiance et réduit la résistance à l'achat.
- **Effet de validation** : Si de nombreuses personnes ont déjà fait le choix, la décision d'achat devient plus aisée.

4. Les photos de clients heureux :

- **Impact visuel puissant** : Des photos de clients utilisant ou appréciant votre produit ou service suscitent un désir inconscient d'imitation.
- **Émotions positives** : Les visages souriants et les expressions joyeuses créent une association positive avec votre marque.

En résumé :

- Collectez et utilisez des témoignages authentiques de clients satisfaits.
- Variez les formats : lettres, listes, photos, vidéos.
- Exploitez le pouvoir des images et des émotions pour influencer positivement les décisions d'achat.
- Exploitez le pouvoir des images et des émotions pour influencer positivement les décisions d'achat.
- Exploitez le pouvoir des images et des émotions pour influencer positivement les décisions d'achat.

L'influence du pouvoir et de l'expertise : Convaincre par la crédibilité

L'autorité joue un rôle majeur dans les décisions d'achat. Nous avons tendance à accorder une grande importance aux recommandations d'individus reconnus pour leur expertise.

Mettre en avant votre expérience et vos connaissances renforce la valeur de vos conseils.

- Citez vos années d'expérience dans le domaine.
- Obtenez des témoignages de clients satisfaits.
- Faites intervenir des experts lors de vos présentations.

L'implication des figures d'autorité varie selon le contexte de vente :

- **Ventes de produits de haute technologie :** La présence d'un ingénieur ou d'un concepteur expérimenté peut être cruciale.
- **Ventes complexes :** Impliquer le directeur commercial dès le début démontre l'importance accordée à la transaction.
- **Ventes importantes et coûteuses :** La présence du président peut influencer positivement la décision d'achat.

L'association à des experts reconnus renforce la crédibilité de votre offre.

- Citez des personnalités influentes qui soutiennent votre produit ou service.
- Mettez en avant les récompenses et les certifications obtenues.

Les symboles de réussite et d'autorité influencent également les comportements d'achat.

- Soignez votre apparence et votre présentation lors des rendez-vous clients.
- Choisissez un cadre de rencontre propice à une image positive (restaurant chic, bureau élégant).

En résumé :

- Établissez votre expertise et votre crédibilité.
- Faites intervenir des figures d'autorité pertinentes.
- Tirez parti des symboles de réussite et d'autorité.

L'effet de rareté : Susciter l'urgence d'acheter

L'idée qu'un produit ou un service est rare incite les clients à agir rapidement. La rareté suggère en effet une valeur et une désirabilité accrues.

Plusieurs techniques permettent d'exploiter l'effet de rareté :

- **Mettre en avant la quantité limitée disponible :** «Ce produit est en rupture de stock régulière», «Dernières pièces en stock».

- **Créer des offres à durée limitée :** «Promotion valable jusqu'à vendredi», «Prix spécial uniquement pour les 20 premiers clients».

- **Souligner la forte demande :** «Ce produit rencontre un énorme succès», «Nos stocks s'épuisent rapidement».

En suscitant un sentiment d'urgence, vous poussez les clients à prendre une décision immédiate.

- Indiquez qu'il ne reste qu'un seul exemplaire à ce prix.
- Faites comprendre que le produit risque d'être en rupture de stock.

L'effet de rareté est un outil puissant pour booster vos ventes.

Le principe du contraste

L'art de la comparaison : Lever les doutes et stimuler les achats

Face à une nouvelle offre, les clients potentiels ont tendance à comparer et à contraster les options disponibles. Ce processus leur permet de surmonter les barrières psychologiques et de s'assurer qu'ils font le bon choix.

Trois options principales s'offrent à eux :

1. Acheter votre produit ou service.

2. Opter pour une solution alternative proposée par un concurrent.

3. Ne rien acheter du tout.

Pour influencer leur décision d'achat, vous pouvez utiliser différentes techniques de comparaison :

1. Comparaisons de prix :

- Mettez en avant le prix attractif de votre offre par rapport aux solutions concurrentes.

- Utilisez des techniques psychologiques comme l'effet d'ancrage : présentez d'abord le prix le plus élevé, puis le vôtre.

- Insistez sur la valeur supérieure de votre produit ou service par rapport à son prix.

2. Comparaisons de temps :

- Soulignez le gain de temps que votre solution procure par rapport aux alternatives.
- Montrez aux clients qu'ils peuvent obtenir des résultats immédiats en achetant chez vous.
- Évitez de mentionner les délais d'attente ou les processus longs.

3. Comparaisons d'énergie :

- Démontrez que votre produit ou service leur permet d'économiser de l'énergie et des efforts.
- Comparez la simplicité d'utilisation de votre solution aux alternatives plus complexes.
- Mettez en avant le confort et la praticité de votre offre.

4. Comparaisons des avantages :

- Présentez clairement les différents avantages de votre produit ou service.
- Expliquez en quoi votre solution répond mieux aux besoins spécifiques des clients.
- Utilisez des exemples concrets et des témoignages de clients satisfaits.
- Insistez sur les points qui différencient votre offre des solutions concurrentes.

Choisissez vos mots

Le pouvoir du «parce que» et de la recommandation : Convaincre par la logique et la confiance

Dans une conversation de vente, l'utilisation du mot «parce que» suivie d'une justification claire renforce considérablement l'impact psychologique de votre message.

- «Vous aimerez cette solution parce que...»
- «C'est le meilleur choix qui s'offre à vous parce que...»
- «C'est celui que vous devriez choisir parce que...»

En expliquant les raisons derrière vos arguments, vous rendez votre offre plus logique et convaincante pour le client.

De même, remplacer «acheter» par «recommander» dans votre vocabulaire de vente peut avoir un effet positif.

- «Ce que je vous recommanderais serait...»

En formulant des recommandations plutôt que des directives, vous inspirez confiance et encouragez une prise de décision plus favorable.

De petits changements dans votre approche de communication peuvent avoir un impact significatif sur la perception de votre produit ou service par le client.

N'arrêtez jamais de rechercher de nouvelles façons de présenter vos arguments de vente de manière claire, concise et convaincante.

En maîtrisant les influences d'achat et les déclencheurs de décision, vous transformerez vos prospects en clients fidèles et propulserez votre réussite vers de nouveaux sommets.

En résumé :

- Utilisez le mot «parce que» pour justifier vos arguments et renforcer leur impact.
- Préférez les recommandations aux ordres directs pour susciter la confiance.
- Soignez votre communication et recherchez en permanence de nouvelles façons de présenter vos arguments.
- Maîtrisez les influences d'achat et les déclencheurs de décision pour convertir vos prospects en clients.

Au supermarché

Les influences psychologiques d'achat: omniprésentes et puissantes

Que vous fassiez vos courses, regardiez la télévision ou naviguiez sur internet, vous êtes constamment soumis à des influences psychologiques conçues pour influencer vos décisions d'achat.

Ces déclencheurs comportementaux visent à court-circuiter votre processus de réflexion rationnel et à vous inciter à acheter impulsivement.

Prenons l'exemple d'une dégustation en magasin :

- Goûter le produit déclenche un sentiment de réciprocité et d'obligation d'achat.
- Vous commencez à vous engager mentalement envers le produit.
- Voir d'autres personnes acheter le produit renforce la preuve sociale.
- L'amabilité du vendeur suscite l'émotion positive de l'amitié.
- L'environnement familier du magasin confère au produit une crédibilité accrue.
- Une offre spéciale crée un sentiment d'urgence et de rareté.
- La comparaison avec d'autres produits vous conforte dans l'idée que c'est une bonne affaire.

Intégrez ces influences psychologiques dans votre stratégie de vente pour augmenter vos conversions.

Soyez également conscient que ces techniques sont utilisées par de nombreux acteurs commerciaux.

En les comprenant, vous serez mieux à même de résister aux manipulations et de prendre des décisions d'achat éclairées.

En résumé :

- Les influences psychologiques d'achat sont omniprésentes dans le marketing et la vente.
- Ces déclencheurs visent à court-circuiter votre processus de décision rationnel.
- Comprenez ces influences pour les utiliser à votre avantage ou pour vous en protéger.
- Soyez un consommateur avisé et prenez des décisions d'achat réfléchies.

La passion : l'ingrédient clé pour des ventes réussies

Au début de ma carrière de commercial, je pensais que la connaissance parfaite du produit et la capacité à répondre à toutes les objections suffisaient pour conclure une vente. J'ai vite découvert que j'avais tort.

Un samedi soir, après une journée infructueuse sans aucune vente, je me suis retrouvé face à un homme mécontent qui dénigrait nos produits et services. Au lieu de rester calme et patient, je me suis laissé emporter par la discussion et lui ai démontré, avec passion, la valeur de notre offre.

Cette expérience m'a permis de comprendre l'importance fondamentale de la passion dans le processus de vente. C'est elle qui a fait la différence et nous a permis de conclure cette vente inespérée.

La passion est contagieuse. Elle permet de créer un lien émotionnel avec le prospect et de le convaincre de la valeur de votre produit ou service. Plus qu'une simple technique de vente, c'est un état d'esprit qui transmet votre conviction profonde et votre enthousiasme pour ce que vous proposez.

Pour réussir dans la vente, il est essentiel de choisir un produit ou un service en lequel vous croyez réellement. Si vous n'êtes pas passionné par ce que vous vendez, il sera difficile de convaincre les autres.

En résumé :

- La passion est un élément clé pour des ventes réussies.
- Elle permet de créer un lien émotionnel avec le prospect.
- Choisissez un produit ou un service en lequel vous croyez réellement.
- Transmettez votre enthousiasme et votre conviction avec passion.

EXERCICES

Voici maintenant quelques exercices et questions pour vous aider à appliquer ces idées à vos activités de vente :

- Quels sont les trois besoins subconscients qui doivent être satisfaits avant qu'un client puisse prendre une décision d'achat ?

- Quelles trois choses pouvez-vous faire pour déclencher un sentiment de réciprocité et d'obligation chez votre client potentiel ?

- Quelles sont les trois choses qui se produisent lorsque vous faites quelque chose de gentil pour un client ?

- Nommez trois façons dont vous pouvez utiliser le pouvoir de la « preuve sociale » pour accélérer une décision d'achat.

- Quelles sont les trois choses que vous pouvez faire lors d'une réunion client pour que le prospect vous apprécie et vous fasse davantage confiance ?

- Quelles sont les trois choses que vous pouvez dire à un client pour déclencher l'influence d'achat de la rareté ?

- Donnez trois exemples de la façon dont les influences d'achat de la réciprocité, de l'engagement progressif ou de la rareté sont utilisées pour faire de la publicité et vendre des produits dans votre ville.

Enfin, quelle action allez-vous entreprendre immédiatement pour améliorer vos ventes grâce à ce que vous avez appris dans ce chapitre ?

CHAPITRE 8

FAIRE DES PRÉSENTATIONS PERSUASIVES

La présentation : l'étape cruciale de la vente où tout se joue

La présentation est le moment de vérité dans le processus de vente. C'est là que vous devez transformer un prospect hésitant en un client enthousiaste. Une présentation efficace peut multiplier vos ventes par rapport à une simple explication ou démonstration non structurée de votre produit ou service.

Au cours de la phase de questionnement (voir chapitre 6), où vous posez des questions pertinentes pour cerner les désirs, besoins, aspirations et capacités d'achat du prospect, vous devez tous deux être clairs sur quatre points essentiels :

1. Le prospect a-t-il réellement besoin du produit pour améliorer sa vie ou son travail de manière concrète ?

2. Le prospect est-il capable d'utiliser le produit et d'en tirer pleinement parti ?

3. Le produit apporte-t-il au prospect un avantage spécifique et rentable ?

4. Le prospect peut-il se permettre le produit ? Est-il adapté à sa situation financière actuelle ?

Une fois que ces quatre conditions sont claires pour vous et le prospect, il est temps de le persuader de passer à l'action.

Améliorer vos présentations pour booster vos vent

Saviez-vous que jusqu'à 95% des présentations commerciales peuvent être améliorées ? La bonne nouvelle est que les compétences de présentation, comme toutes les compétences de vente, s'apprennent avec de la pratique.

En affinant vos présentations, vous pouvez multiplier vos ventes par deux ou trois en un mois seulement. C'est ce qu'ont pu constater de nombreux commerciaux formés par mes soins.

Pour réussir vos présentations, suivez ces étapes clés :

1. Reformulez et confirmez le problème du client.

Lors de la phase de questionnement, vous avez identifié le problème ou le besoin du prospect. Commencez votre présentation en reformulant clairement ce problème afin de vous assurer que vous êtes sur la même longueur d'onde.

2. Présentez votre solution : votre produit ou service.

Expliquez en détail comment votre produit ou service constitue la solution idéale au problème du client. Mettez en avant les caractéristiques et les avantages qui répondent spécifiquement à ses besoins.

3. Adaptez votre discours au client.

Personnalisez votre présentation en illustrant comment votre produit ou service améliorera concrètement la vie du client. Utilisez des exemples concrets et des témoignages pour renforcer votre propos.

4. Posez des questions pour maintenir l'engagement.

Tout au long de la présentation, posez des questions pertinentes pour vous assurer que le message est clair, obtenir des commentaires et vérifier la compréhension du client. Voici quelques exemples de questions :

- «Cette présentation vous semble-t-elle pertinente jusqu'à présent ?»
- «Que pensez-vous de cette solution ?»
- «Comment cela vous interpelle ?»
- «Qu'est-ce que vous en pensez ?»
- «Avez-vous des questions ou des préoccupations que je n'ai pas abordées ?»

5. N'oubliez pas le pouvoir des questions.

Les meilleurs vendeurs posent continuellement des questions pour plusieurs raisons :

- Maintenir l'engagement du prospect
- Obtenir plus d'informations et de compréhension
- Avoir l'occasion d'écouter et de créer un lien de confiance
- S'assurer qu'ils sont sur la bonne voie et répondent aux besoins du client

En maîtrisant l'art de la présentation et en intégrant ces techniques, vous transformerez vos prospects en clients enthousiastes et propulserez vos ventes vers de nouveaux sommets.

> **En résumé :**
>
> - Améliorez vos présentations pour booster vos ventes.
> - Reformulez le problème du client et présentez votre solution.
> - Adaptez votre discours et posez des questions pour maintenir l'engagement.
> - N'oubliez pas le pouvoir des questions pour obtenir des informations et créer un lien de confiance.

Présentation commerciale de l'Encyclopédie

L'art de la présentation commerciale : une formule gagnante

Une présentation commerciale réussie n'est pas le fruit du hasard. Elle doit être soigneusement conçue, répétée et pratiquée à l'avance. C'est un processus structuré qui suit une progression logique du général au particulier, bien loin d'une improvisation décousue.

L'exemple emblématique de la «présentation commerciale de l'encyclopédie» illustre parfaitement ce concept. Vers 1952, une entreprise d'encyclopédie a élaboré une présentation en 42 questions, chacune devant recevoir une réponse positive pour que la présentation se poursuive. La dernière question concernait la confirmation de l'achat et la rédaction du chèque.

L'efficacité de cette approche résidait dans sa structure précise. La première question, «Vivez-vous ici ?», permettait d'identifier d'emblée si le prospect était pertinent. Les questions suivantes, de plus en plus ciblées, s'assuraient que le prospect correspondait bien au profil recherché. Si toutes les réponses étaient positives, la vente était presque assurée.

Le succès de cette présentation a été phénoménal. Déployée à l'échelle mondiale, elle a permis à l'entreprise de vendre des milliards de dollars d'encyclopédies, parfois même à des personnes ne parlant pas anglais.

Un de mes clients, leader mondial de l'électroménager, a suivi le même principe. En développant une présentation rigoureuse, il a réussi à générer des milliards de dollars de ventes en porte-à-porte à froid.

La leçon à retenir est claire : une présentation commerciale soigneusement conçue, affinée, pratiquée et répétée peut devenir un outil irrésistible pour booster vos ventes.

En résumé :

- Une bonne présentation commerciale est le fruit d'une préparation minutieuse.
- Suivez une structure logique et posez des questions ciblées.
- Adaptez votre discours au profil du prospect.
- Entraînez-vous et répétez votre présentation jusqu'à la maîtriser.
- Une présentation efficace peut devenir votre arme secrète pour conclure des ventes.

Le timing est important

Captiver l'attention du prospect avant la présentation

Avant de plonger dans les détails de votre produit ou service, il est crucial de susciter l'intérêt et la curiosité du prospect. La phase d'identification des besoins a pour but d'éveiller son attention et de le motiver à en savoir plus sur votre offre.

Pour réussir votre présentation, vous devez également créer un environnement propice à l'écoute. Le client doit se sentir à l'aise et ne pas être distrait par des éléments extérieurs. C'est au vendeur de choisir le moment opportun pour la présentation, en s'assurant que le prospect est pleinement attentif.

Voici quelques conseils pour captiver l'attention du prospect avant la présentation :

- **Posez des questions pertinentes** lors de la phase d'identification des besoins pour cerner ses intérêts et ses motivations.
- **Adaptez votre discours** en fonction du profil du prospect et de ses besoins spécifiques.
- **Utilisez un langage clair et concis**, en évitant le jargon technique excessif.
- **Maintenez un contact visuel** et adoptez une posture ouverte et confiante.
- **Soyez enthousiaste et passionné** par votre produit ou service.

En suivant ces conseils, vous créerez les conditions idéales pour une présentation captivante qui mènera à la conclusion de la vente.

Une bonne planification préalable évite de mauvaises performances

La préparation : l'arme secrète du vendeur performant

Pour un vendeur, la présentation est aussi essentielle que la chirurgie pour un chirurgien. Elle doit être minutieusement planifiée à l'avance, dans les moindres détails. Ne négligez jamais la préparation, même si vous avez déjà présenté votre produit ou service à maintes reprises.

J'ai fait moi-même l'amère expérience il y a quelques années. En tant que conférencier débutant, j'ai donné le même séminaire à plusieurs groupes, essuyant un franc succès. Confiant, j'ai négligé la préparation pour une présentation suivante. Quelle erreur ! Mon manque de préparation s'est traduit par une prestation désastreuse, avec un public déçu et une perte totale de crédibilité.

Depuis ce jour, j'ai compris la valeur inestimable de la préparation. Aujourd'hui, même après avoir présenté une centaine de fois le même discours, je consacre encore une ou deux heures avant chaque intervention à revoir chaque mot et chaque détail. Cette rigueur a fait toute la différence dans ma carrière.

La préparation est la marque du professionnel. Un vrai professionnel ne se contente jamais du minimum. Les vendeurs performants peaufinent leur présentation jusqu'à la perfection, ne laissant aucun détail au hasard.

Le principal avantage d'une préparation minutieuse est qu'elle vous permet de vous concentrer pleinement sur vos clients. Au lieu de vous soucier de vos notes ou de votre discours, vous êtes calme, confiant et détendu. Vous pouvez ainsi établir un lien authentique avec vos clients et les guider efficacement vers une décision d'achat éclairée.

> **En résumé :**
>
> - Planifiez et peaufinez votre présentation dans les moindres détails.
> - Ne négligez jamais la préparation, même si vous avez déjà présenté votre produit ou service.
> - La préparation vous permet d'être confiant, détendu et concentré sur vos clients.
> - Une présentation réussie est la clé pour conclure des ventes et fidéliser la clientèle.

Méthodes de présentation

L'art du positionnement : un élément clé pour une présentation réussie

Tout comme une pièce de théâtre où chaque élément est soigneusement positionné pour créer un effet optimal, votre présentation doit être orchestrée pour maximiser son impact. Le positionnement physique, c'est-à-dire votre emplacement par rapport au client, joue un rôle crucial dans l'établissement d'une connexion et de la confiance.

Évitez de vous asseoir en face d'un bureau ou d'une table. Cette position crée une barrière invisible et peut susciter un sentiment de confrontation, même inconsciemment. Privilégiez plutôt **un**

positionnement en angle ou sur des chaises adjacentes sans table entre vous.

Si vous vous retrouvez face à un client avant de commencer votre présentation, n'hésitez pas à lui demander poliment de se déplacer vers un endroit plus confortable pour vous deux. Au cours de ma carrière de vendeur, j'ai constaté que les clients sont toujours réceptifs à cette demande.

Montrer, dire et poser des questions

Le pouvoir du «Montrer, Raconter, Poser des questions» pour captiver votre audience

Avez-vous déjà remarqué que les informations présentées par groupe de trois semblent plus mémorables et impactantes ? C'est une technique utilisée par les conférenciers professionnels pour maximiser l'engagement du public, et vous pouvez l'appliquer avec succès dans vos présentations commerciales.

La formule magique réside dans la séquence «Montrer, Raconter, Poser des questions». Voici un exemple concret :

1. **Montrer :** Présentez votre produit ou service de manière concrète. «Voici notre nouvelle fonctionnalité récemment ajoutée à ce produit.»

2. **Raconter :** Expliquez en détail le fonctionnement et les avantages de votre offre. «Cette fonctionnalité permet de [détaillez les avantages concrets pour le client].»

3. **Poser des questions :** Impliquez activement le prospect en lui demandant son avis. «Pensez-vous que cette fonctionnalité pourrait être utile pour votre entreprise ?»

Guider les prospects vers la réussite avec votre produit ou service

En tant que vendeur, votre objectif est d'aider vos prospects à comprendre comment votre produit ou service peut améliorer leur vie. Pour ce faire, il existe une méthode de présentation simple et efficace en trois étapes :

1. «À cause de ça...»

Commencez par décrire une fonctionnalité clé de votre produit ou service. C'est le fondement de votre argumentaire de vente.

2. «...vous pouvez...»

Expliquez ensuite les avantages concrets que cette fonctionnalité apporte au prospect. Mettez en avant la valeur ajoutée et les bénéfices tangibles pour son quotidien.

3. «...ce qui signifie...»

Enfin, concluez en soulignant l'impact positif que ces avantages auront sur la vie du prospect. C'est le moment de connecter les points et de démontrer comment votre offre peut résoudre ses problèmes ou combler ses besoins.

Voici un exemple concret :

Produit : Téléviseur à écran plat

Étape 1 : «Grâce à cet écran plat...»

Étape 2 : «...vous pouvez monter ce téléviseur sur n'importe quel mur de votre maison...»

Étape 3 : «...ce qui signifie que vous pouvez transformer votre salle familiale en cinéma pour votre famille et vos amis.»

En utilisant cette méthode en trois étapes, vous guidez le prospect de manière claire et logique à travers les avantages de votre produit ou service. Vous suscitez son intérêt, répondez à ses questions et le persuadez que votre offre est la solution idéale pour lui.

L'efficacité de cette approche est prouvée. J'en ai été témoin il y a quelques années lorsque j'ai enseigné cette méthode à une organisation commerciale nationale. Les résultats ont été stupéfiants : leurs ventes ont bondi de 50 millions de dollars à 75 millions de dollars l'année suivante, en grande partie grâce à l'impact de cette technique de présentation.

Le pouvoir des images mentales pour booster vos ventes

Saviez-vous qu'il est souvent impossible pour un client d'acheter votre produit ou service tant qu'il ne peut pas s'imaginer l'utiliser et en profiter pleinement ? Pour conclure une vente, il est crucial d'aider le prospect à créer une image mentale claire de la façon dont votre offre va améliorer sa vie.

C'est pourquoi les photographies de votre produit en action et les témoignages de clients satisfaits sont si puissants. Ils permettent au prospect de se projeter en utilisant votre produit ou service, ce qui le rapproche considérablement de l'achat.

La publicité télévisée est un autre exemple frappant de l'efficacité des images mentales. En voyant des personnes utiliser le produit et en ressentir les bienfaits, le téléspectateur est naturellement enclin à s'identifier et à vouloir reproduire cette expérience positive.

Pensez à l'achat d'une nouvelle voiture. La première chose que fait le vendeur est de vous faire faire un essai routier. Pourquoi ? Parce qu'il sait que l'expérience concrète de la conduite et le sentiment de se voir au volant de la voiture sont bien plus persuasifs que toutes les descriptions verbales possibles.

Pour créer cette image mentale essentielle, un mot magique : «Imaginez !»

- «Imaginez-vous en train d'utiliser ce produit ou ce service !»
- «Imaginez simplement ce que vous ressentirez lorsque vous commencerez à bénéficier des avantages et des résultats de ce produit ou service !»
- «Imaginez-vous atteindre ce résultat !»

Chaque fois que vous prononcez ce mot, vous ouvrez une porte dans l'esprit de votre prospect et l'invitez à se visualiser en train d'utiliser votre produit ou service. Vous le placez au centre de l'action, en lui permettant de ressentir les émotions positives associées à votre offre.

Une autre variante efficace est d'utiliser l'expression «Pensez à la différence que cela ferait».

- «Pensez à la différence que cela ferait dans votre vie si vous aviez atteint une totale liberté financière et n'aviez plus jamais à vous soucier de l'argent.»
- «Pensez à la différence que cela ferait si chaque rapport généré était opportun et précis et que vous n'aviez pas besoin de les examiner et de les revérifier.»

En posant des questions comme «Vous voyez-vous appliquer cette solution dans votre travail ? Vous voyez-vous profiter de ce produit à la maison ?», vous guidez le prospect vers la création d'une image mentale claire et positive. Plus cette image est vivante et détaillée, plus la probabilité de vente est élevée.

> **En résumé :**
>
> - Utilisez le pouvoir des images mentales pour aider les prospects à se visualiser en train d'utiliser et d'apprécier votre produit ou service.
>
> - Employez des phrases comme «Imaginez !» et «Pensez à la différence que cela ferait» pour stimuler la création d'images mentales.
>
> - Posez des questions qui encouragent le prospect à se projeter en utilisant votre offre.
>
> - Plus l'image mentale est forte et positive, plus la probabilité de vente est élevée.

Rendre le prospect actif et impliqué

Impliquer activement le prospect pour une présentation captivante

En plus d'adopter une position favorable lors de votre présentation, il est crucial d'impliquer activement le prospect. Ne le laissez pas passif, encouragez-le à participer et à interagir avec vous.

Une technique simple et efficace consiste à lui demander de réaliser une action concrète. Voici quelques exemples :

- Lui demander de calculer des chiffres en lien avec votre produit ou service.

- Lui demander de lire un paragraphe spécifique dans vos documents de présentation.

- Lui demander de prendre un morceau de papier et d'y noter quelque chose.

- Lui demander de vous donner un objet qu'il a sous la main.

Plus le prospect est physiquement engagé et impliqué dans la présentation, plus il est probable qu'il s'approprie votre message et qu'il soit convaincu de l'utilité de votre offre. En le faisant participer activement, vous stimulez son attention, favorisez la mémorisation et renforcez son sentiment d'investissement dans la présentation.

N'oubliez pas que les clients actifs sont des clients plus réceptifs. En les incitant à interagir avec vous, vous leur permettez de mieux comprendre les avantages de votre produit ou service et de se projeter en train de l'utiliser.

En résumé :

- Impliquez activement le prospect lors de votre présentation pour captiver son attention et stimuler son intérêt.

- Demandez-lui de réaliser des actions concrètes en lien avec votre produit ou service.

- Plus le prospect est actif, plus il est probable qu'il soit convaincu et qu'il passe à l'action.

- L'implication active favorise la compréhension, la mémorisation et l'appropriation de votre message.

La clôture du procès

Savoir sonder le terrain : l'art de la clôture d'essai

La clôture d'essai, également appelée «clôture de contrôle», «panneau de fermeture» ou «impulsion de clôture», est un outil essentiel pour tout vendeur professionnel. Il s'agit de poser des questions ponctuelles tout au long de la présentation commerciale afin de recueillir les impressions du prospect et d'adapter votre discours en conséquence.

Contrairement aux vendeurs inexpérimentés qui déroulent leur argumentaire sans interaction, la clôture d'essai vous permet de maintenir un dialogue actif avec le prospect. Vous évitez ainsi de le submerger d'informations et de le laisser dans l'incapacité de prendre une décision éclairée à la fin de la présentation.

L'avantage principal de la clôture d'essai est qu'elle autorise le prospect à dire «non» sans pour autant mettre fin à la discussion. Au contraire, sa réponse vous fournit des informations précieuses sur ses besoins et ses préférences, vous permettant d'orienter votre présentation de manière plus pertinente.

Voici quelques exemples concrets de clôture d'essai :

- **«Aimez-vous cette couleur ?»** Si le prospect répond «non», vous pouvez lui proposer d'autres options qui correspondent mieux à ses goûts.

- **«Cette nouvelle fonctionnalité vous serait-elle utile dans votre entreprise ?»** Si le prospect répond «non», vous pouvez passer à d'autres fonctionnalités qui répondent mieux à ses besoins spécifiques.

En utilisant la clôture d'essai de manière régulière, vous pouvez :

• Maintenir l'attention du prospect et l'impliquer dans la présentation.

• Évaluer son intérêt pour les différents aspects de votre produit ou service.

• Adapter votre argumentaire en fonction de ses réactions.

• Augmenter vos chances de conclure une vente en répondant précisément à ses besoins.

N'oubliez pas que la clôture d'essai est un outil puissant qui vous permet de prendre le contrôle de votre présentation et de la mener vers une conclusion positive. En l'utilisant judicieusement, vous deviendrez un vendeur plus performant et plus persuasif.

En résumé :

• Utilisez la clôture d'essai tout au long de votre présentation pour sonder le terrain et adapter votre discours.

• Posez des questions ouvertes qui permettent au prospect de s'exprimer librement.

• Tirez parti de ses réponses pour orienter votre présentation vers ses besoins spécifiques.

• La clôture d'essai est un outil indispensable pour augmenter vos chances de réussite.

Toujours être positif

L'enthousiasme contagieux : la clé d'une vente réussie

Une vente réussie n'est pas qu'une simple transaction commerciale, c'est un «transfert d'enthousiasme». Il s'agit de transmettre votre conviction et votre passion pour la qualité et la valeur de votre produit ou service au prospect, comme un arc électrique qui jaillit de votre esprit vers le sien. Pour y parvenir, il est essentiel d'adopter une attitude positive, confiante et optimiste quant aux réels avantages de votre offre et à son impact positif sur la vie de votre client.

Votre niveau de croyance et de conviction dans la qualité de ce que vous vendez a un pouvoir immense sur votre client. C'est l'un des facteurs les plus déterminants dans le processus de vente.

Les vendeurs les plus performants et les mieux rémunérés se distinguent par leur passion pour leurs produits ou services. Ils se soucient sincèrement de leurs clients et sont convaincus que leurs offres peuvent améliorer leur vie professionnelle et personnelle.

N'oubliez pas que les émotions sont contagieuses. Lorsque votre enthousiasme est suffisamment fort et authentique, il se transmet naturellement au prospect et suscite en lui le désir d'acheter et d'utiliser ce que vous proposez.

En résumé :

- Une vente réussie repose sur le transfert d'enthousiasme du vendeur au prospect.
- Votre conviction sincère dans la valeur de votre produit ou service est un facteur déterminant.
- Les vendeurs passionnés et enthousiastes inspirent confiance et incitent à l'achat.
- L'enthousiasme contagieux crée une connexion positive avec le prospect et favorise une décision d'achat favorable.

Le pouvoir des histoires pour booster vos ventes

Saviez-vous que l'un des outils les plus puissants pour conclure une vente est l'utilisation d'histoires ? La « vente anecdotique » consiste à raconter des récits de réussite de clients satisfaits ayant acheté votre produit ou service. En partageant ces expériences positives, vous permettez au prospect de se projeter dans la peau de ces clients heureux et d'imaginer les bénéfices qu'il pourrait tirer de votre offre.

Pourquoi les histoires sont-elles si efficaces ? Les recherches en neurosciences, notamment celles récompensées par le prix Nobel, démontrent que notre cerveau est composé de deux hémisphères aux fonctions distinctes. Le cerveau gauche, analytique et rationnel, traite les informations factuelles et les données chiffrées. Le cerveau droit, en revanche, est sensible aux émotions, aux images et aux histoires. C'est lui qui joue un rôle crucial dans la prise de décision.

En racontant des histoires, vous stimulez le cerveau droit du prospect et déclenchez ainsi des émotions positives. Vous l'amenez à s'identifier aux clients satisfaits et à associer votre produit ou service à des sentiments de réussite et de bien-être.

Pour maximiser l'impact de vos anecdotes, personnalisez-les en fonction de votre audience. Si vous parlez à un client masculin, racontez des histoires de réussite d'hommes ayant bénéficié de votre produit. Inversement, pour une audience féminine, mettez en avant les témoignages de femmes satisfaites.

Chaque bonne histoire a un héros : le client satisfait qui a acheté votre produit et en a tiré des avantages concrets. En relatant son expérience, vous suscitez chez le prospect un désir inconscient de se retrouver à sa place et de profiter des mêmes bénéfices.

L'utilisation de «histoires doubles» est encore plus puissante. Il s'agit de raconter non seulement l'histoire d'un client satisfait, mais également celle d'un client qui a regretté de ne pas avoir acheté votre produit. En exposant les conséquences négatives de ce choix, vous renforcez l'attractivité de votre offre et incitez le prospect à ne pas reproduire la même erreur.

En résumé :

- Utilisez la vente anecdotique pour raconter des histoires de réussite de clients satisfaits.

- Adaptez vos anecdotes à votre audience en ciblant des clients aux profils similaires.

- Faites du client satisfait le héros de votre histoire et mettez en avant les avantages concrets qu'il a obtenus.

- Utilisez des «histoires doubles» pour montrer les conséquences négatives de ne pas acheter votre produit.

- En stimulant le cerveau droit du prospect avec des histoires captivantes, vous augmentez considérablement vos chances de conclure une vente.

Planifier, préparer, répéter et améliorer

Votre mission : concevoir une présentation commerciale si convaincante qu'elle convertit le prospect en client presque à chaque fois. A l'issue d'une présentation réussie, le client doit être enthousiaste à l'idée de profiter des avantages de votre offre. Cette prouesse n'est pas un miracle, mais le fruit d'une préparation minutieuse et d'une amélioration continue. Et rassurez-vous, la maîtrise de l'art de la présentation est à la portée de tous.

Comment y parvenir ? Voici quelques clés essentielles :

1. Planification méticuleuse :

- Connaissez votre produit ou service sur le bout des doigts.
- Analysez votre audience et comprenez ses besoins spécifiques.
- Définissez des objectifs clairs et mesurables pour votre présentation.
- Structurez votre argumentaire de manière logique et persuasive.
- Préparez des supports visuels attrayants et pertinents.
- Anticipez les objections potentielles et préparez des réponses convaincantes.

2. Entraînement rigoureux :

- Répétez votre présentation à plusieurs reprises jusqu'à la maîtriser parfaitement.
- Chronométrez votre présentation pour vous assurer qu'elle respecte le temps imparti.
- Entraînez-vous devant un miroir ou avec des amis pour identifier les points à améliorer.

- Soyez conscient de votre langage corporel et de votre voix.
- N'hésitez pas à demander des commentaires et des suggestions.

3. Amélioration continue :

- Après chaque présentation, analysez ce qui a bien fonctionné et ce qui pourrait être amélioré.
- Demandez des retours d'information à vos prospects et clients.
- Soyez ouvert aux nouvelles idées et techniques de présentation.
- Ne cessez jamais d'apprendre et de perfectionner vos compétences.

Diapositives : outils au service de votre présentation, pas votre présentation

Lors de mes débuts dans la vente de logiciels techniques, on m'a fourni un jeu de diapositives PowerPoint à apprendre par cœur. Mais en m'appuyant trop sur ces présentations toutes faites, ma communication avec les prospects était rigide et artificielle.

Les diapositives ne devraient jouer qu'un rôle secondaire dans votre argumentaire commercial. Elles doivent servir de support, de renforcement de points clés et d'illustration visuelle. Ne les laissez pas diriger votre présentation à votre place.

Utilisez plutôt les titres des diapositives comme fil conducteur et parlez avec passion de votre produit ou service. Mettez en avant les avantages pour le client et appuyez-vous sur des exemples concrets. N'oubliez jamais de lire les diapositives mot à mot : vos clients savent lire ! Votre rôle est d'apporter une valeur ajoutée au contenu, pas de le réciter.

Les meilleures présentations sont les plus simples. Un mot percutant et un visuel captivant peuvent parfois suffire à faire passer un message important.

Lors de la création de vos diapositives, pensez à concevoir deux versions. La première, destinée à votre présentation orale, doit comporter des points clés intéressants et des visuels impactants que vous pourrez commenter avec enthousiasme. La seconde, envoyée après votre présentation, doit être autonome et compréhensible sans explication supplémentaire. Imaginez-la envoyée à dix personnes différentes, aux profils et secteurs d'activité variés. Faites en sorte qu'elle soit claire et concise, en mettant en avant les bénéfices concrets pour le client.

En résumé :

- Les diapositives sont des outils, pas des présentations.
- Utilisez-les pour appuyer votre discours, pas pour le remplacer.
- Parlez avec passion et conviction.
- Mettez en avant les avantages pour le client.
- Concevez deux versions de vos diapositives : une pour la présentation orale et une pour l'envoi par email.
- Faites en sorte que vos diapositives soient claires, concises et percutantes.

EXERCICES

Voici maintenant sept exercices que vous pouvez utiliser pour vous aider à faire de meilleures présentations à l'avenir.

- Expliquez pourquoi une présentation planifiée est plus efficace qu'une présentation aléatoire qui pourrait changer à chaque nouveau prospect.

- Donnez trois raisons pour lesquelles votre positionnement dans l'esprit du client est important pour conclure la vente.

- Quels sont les trois mots que les clients utilisent pour décrire les meilleurs vendeurs ?

- Quelles sont les trois méthodes de vente utilisées par les plus performants ?

- Énumérez trois méthodes de présentation que vous pouvez utiliser pour être plus convaincant.

- Quelles trois choses pouvez-vous dire pour aider votre prospect à développer une image mentale de l'utilisation et de l'appréciation de votre produit ou service ?

- Quels sont les trois avantages de l'utilisation de la vente anecdotique dans votre présentation commerciale ?

- Enfin, quelle action allez-vous entreprendre immédiatement pour donner suite à ce que vous avez appris dans ce chapitre ?

CHAPITRE 9

SURMONTER LES OBJECTIONS

Les objections : des opportunités, pas des obstacles à franchir

Loin d'être un frein, les objections font partie intégrante et inévitable du processus de vente. Pourtant, face aux réticences des clients concernant le prix, les offres concurrentes ou d'autres points, de nombreux vendeurs se démoralisent.

Il est important de comprendre que les clients d'aujourd'hui sont submergés par une multitude de messages commerciaux. Cette saturation engendre chez eux un sentiment de scepticisme, de méfiance et une grande prudence quant à l'utilisation de leur temps et de leur argent.

Quelle que soit votre offre, il est certain que les clients auront des questions et des préoccupations légitimes auxquelles vous devrez répondre avant de conclure une vente. Votre capacité à gérer ces objections et à apporter des solutions pertinentes est une compétence essentielle à la réussite de votre activité commerciale.

Plutôt que de les redouter, considérez les objections comme des opportunités de mieux comprendre les besoins et les attentes de vos clients. En les écoutant attentivement et en répondant à leurs questions avec transparence et professionnalisme, vous gagnerez leur confiance et leur démontrerez la valeur réelle de votre produit ou service.

N'oubliez pas que les objections ne sont pas des attaques personnelles, mais plutôt des indications précieuses sur les

points à améliorer dans votre argumentaire de vente. En les analysant de manière constructive, vous pourrez affiner votre approche et augmenter vos chances de succès.

> **En résumé :**
>
> • Les objections font partie intégrante du processus de vente et ne doivent pas être perçues comme des obstacles insurmontables.
>
> • Les clients d'aujourd'hui sont sceptiques et prudents, ce qui rend la gestion des objections d'autant plus importante.
>
> • Votre capacité à répondre aux questions et préoccupations des clients est une compétence clé pour la réussite de vos ventes.
>
> • Considérez les objections comme des opportunités de mieux comprendre les besoins de vos clients et d'améliorer votre argumentaire de vente.
>
> • En adoptant une attitude positive et en répondant aux objections avec professionnalisme, vous gagnerez la confiance de vos clients et augmenterez vos chances de conclure des ventes.

Retour aux sources

Objections : Signe d'intérêt, pas frein à la vente

Une règle d'or à retenir : une vente sans objections est une vente improbable.

Pour réussir vos ventes, gardez toujours ces trois points en tête :

1. Les objections sont des indicateurs d'intérêt. Un client passif, qui ne pose aucune question et ne s'implique pas dans la discussion, montre peu d'intérêt pour votre offre.

2. Les objections révèlent un point sensible chez le prospect. C'est lorsque le client s'engage émotionnellement dans la présentation que vous avez une chance de conclure la vente.

3. Les ventes réussies génèrent généralement deux fois plus d'objections que les ventes ratées. Des études basées sur l'enregistrement de milliers de conversations commerciales ont démontré que les clients qui achètent émettent bien plus d'objections que ceux qui n'achètent pas.

Imaginez la pêche : vous lancez votre ligne et espérez qu'un poisson morde à l'hameçon. Ce «tirage» sur votre ligne vous indique que l'appât a attiré un poisson. Sans cette touche, vous n'auriez aucune chance de pêche.

De la même manière, les objections du prospect sont comme des «tirages» sur votre ligne commerciale. Elles signalent l'intérêt du client, son passage d'une position neutre et sceptique à une position d'intérêt et de curiosité. C'est un signe positif !

> **En résumé :**
>
> - Les objections font partie intégrante du processus de vente et ne doivent pas être redoutées.
> - Elles indiquent un intérêt du client pour votre produit ou service.
> - Gérer les objections avec professionnalisme vous permet de cerner les besoins du client et d'adapter votre argumentaire.
> - Plus il y a d'objections, plus les chances de conclure la vente sont élevées.

N'oubliez pas que les objections, lorsqu'elles sont traitées efficacement, sont des opportunités de conclure des ventes plus facilement et de fidéliser vos clients.

La loi des Six : identifier et surmonter les objections

La loi des Six, un principe puissant pour vos ventes, stipule que le nombre d'objections possibles à votre produit ou service, quel qu'il soit, est limité à six maximum.

Ces six objections, ou moins, seront spécifiques à votre offre et différeront de celles d'autres produits ou services. Elles dépendent de multiples facteurs : les caractéristiques de votre produit, son prix et sa comparaison avec ceux des concurrents, les offres alternatives, les besoins spécifiques du client, son contexte économique et financier, ainsi que la situation générale du marché.

Face aux clients, vous serez surpris par la diversité des objections qu'ils invoqueront pour ne pas acheter. Leur créativité est parfois étonnante, et ils peuvent soulever des objections auxquelles vous n'auriez même pas pensé. Mais finalement, toutes ces objections se répartissent en six grandes catégories maximum.

Comment identifier vos six objections majeures ? Commencez par vous poser la question suivante : **«Nous pourrions vendre à tous les prospects qualifiés s'ils ne disaient pas...»**.

Cet exercice de complétion de phrase peut être réalisé individuellement ou en équipe. Il s'agit d'une technique puissante utilisée par de nombreuses entreprises, grandes et petites. Parfois appelé «exercice des phrases à trous», il fait partie des premières étapes que je réalise lorsque je collabore avec des entreprises qui lancent un nouveau produit et ont besoin d'une présentation commerciale.

Sur une période donnée, listez toutes les objections que vous recevez, puis classez-les en six catégories logiques. Elles concernent généralement le prix, l'utilité perçue du produit pour le client, la concurrence, les effets ou résultats attendus du produit, le contexte du marché et d'autres facteurs.

> **En résumé :**
>
> - La loi des Six stipule que le nombre d'objections possibles à votre produit est limité à six maximum.
>
> - Ces objections varient en fonction de votre offre et des caractéristiques du client.
>
> - L'exercice de complétion de phrase «Nous pourrions vendre à tous les prospects qualifiés s'ils ne disaient pas...» permet d'identifier les objections majeures.
>
> - Classez les objections reçues en six catégories logiques : prix, utilité, concurrence, effets attendus, marché et autres facteurs.

En maîtrisant la loi des Six, vous serez mieux équipé pour identifier les objections des clients, y répondre efficacement et ainsi augmenter vos chances de réussite.

Pourquoi ou pourquoi pas?

Comprendre les objections des clients pour booster vos ventes

«Pourquoi nos prospects n'achètent-ils pas chez nous ?» Cette question cruciale vous permet d'identifier les objections majeures qui freinent vos ventes. Parfois, en résolvant une seule objection clé, vous pouvez doubler ou tripler vos résultats.

La principale raison pour laquelle les gens n'achètent pas est le manque de conviction quant aux bénéfices et à la valeur réelle de votre produit. Pour contrer cette objection majeure, vous pouvez proposer une garantie de remboursement «satisfait ou remboursé». En plus, offrez un bonus que les clients conservent même en cas de retour de votre produit principal.

L'approche «inversion du risque» est largement utilisée pour stimuler les ventes. J'ai personnellement employé cette stratégie avec succès tout au long de ma carrière dans la vente de produits et services éducatifs. Je disais aux clients : «Essayez mon produit pendant 30, 60 ou 90 jours. Si vous n'êtes pas satisfait, pour quelque raison que ce soit, vous pouvez le retourner et obtenir un remboursement complet.»

Si votre produit ou service tient ses promesses et répond aux attentes des clients, vous devriez être en mesure de garantir leur satisfaction ou de proposer un remboursement sans hésiter.

Nordstrom, l'une des chaînes de magasins les plus prospères d'Amérique, offre une garantie à vie sur tous ses produits. Cette politique oblige l'entreprise à maintenir une qualité irréprochable. Les clients achètent chez Nordstrom en toute confiance, sachant qu'ils peuvent retourner leur achat et obtenir un remboursement complet en cas d'insatisfaction.

En résumé :

- Identifiez les objections majeures des clients en vous posant la question : «Pourquoi n'achètent-ils pas chez nous ?»
- Proposez une garantie de remboursement «satisfait ou remboursé» pour éliminer le risque perçu par le client.
- Offrez un bonus supplémentaire pour augmenter l'attractivité de votre offre.
- Soyez confiant dans la valeur de votre produit et proposez une garantie généreuse.
- Apprenez de l'exemple de Nordstrom et de sa politique de retour exceptionnelle.

En adoptant ces stratégies, vous réduirez les objections des clients, augmenterez leur confiance et boosterez vos ventes de manière significative.

Quand répondre aux objections

Quatre moments clés pour gérer les objections des clients

1. Réponse immédiate aux objections critiques

Certaines objections nécessitent une réponse immédiate, surtout si elles remettent en question votre intégrité ou la qualité de votre produit. Par exemple, si un client affirme que vos produits tombent en panne après la garantie, ne tardez pas à le rassurer. Expliquez clairement votre politique de garantie et proposez une solution satisfaisante, même au-delà de la garantie officielle.

2. Gérer les objections pendant la présentation

Anticipez les objections potentielles et préparez des réponses claires et professionnelles. Intégrez ces réponses naturellement dans votre présentation pour fluidifier le discours et maintenir l'attention du client.

3. Retarder les objections de prix

Aborder le prix trop tôt peut freiner la vente. Reportez la discussion sur le prix jusqu'à ce que vous ayez clairement établi la valeur de votre produit ou service pour le client. Expliquez d'abord les avantages et les bénéfices avant de révéler le prix.

4. Ne pas répondre aux objections superficielles

Certaines objections, surtout en début de conversation, ne sont que des réflexes instinctifs et ne méritent pas une réponse détaillée. Par exemple, si un client exprime des réserves quant au prix, reconnaissez son inquiétude avec un sourire et un hochement de tête, puis poursuivez votre présentation.

> **En résumé :**
>
> - Répondez immédiatement aux objections qui menacent votre crédibilité.
> - Intégrez les réponses aux objections anticipées dans votre présentation.
> - Retardez la discussion sur le prix jusqu'à ce que la valeur soit établie.
> - Ne vous attardez pas sur les objections superficielles.

La frappe préventive

Désarmez les objections par anticipation : la méthode de la frappe préventive

La méthode de la frappe préventive consiste à anticiper les objections courantes des clients et à les aborder avant qu'ils ne les soulèvent. Cette technique permet de désamorcer les réticences et de faciliter la vente.

Un exemple concret :

Une entreprise de télécommunications proposait les produits les plus chers du marché. Les vendeurs, découragés par les comparaisons de prix des concurrents, se voyaient souvent confrontés à des clients réticents dès le premier contact.

Pour remédier à cette situation, la méthode de la frappe préventive a été mise en place :

1. **Dès le début de la rencontre, le vendeur aborde directement la question du prix :** «Merci pour votre temps. Je sais que vous êtes occupé, et avant de commencer, je tiens à vous dire que nos systèmes de télécommunications sont les plus chers du marché. Nous sommes 12% plus chers que notre principal concurrent. Pourtant, des milliers d'entreprises comme la vôtre choisissent nos produits chaque jour, même en connaissance de cause. Voudriez-vous savoir pourquoi ?»

2. **Intrigué, le client répond généralement par l'affirmative.**

3. **Le vendeur explique ensuite les avantages et la valeur ajoutée des produits, justifiant ainsi le prix plus élevé :** «C'est exactement ce que je vais vous expliquer dans les prochaines minutes. Je pense que vous constaterez qu'il est plus logique pour votre entreprise de payer un prix plus élevé pour nos produits et les services associés, plutôt que d'opter pour une solution moins chère auprès d'un concurrent.»

Résultat :

- **Motivation retrouvée pour la force de vente**
- **Augmentation des ventes de 32% le mois suivant**
- **Succès individuel remarquable pour une vendeuse**

En résumé :

- Anticiper les objections des clients est essentiel pour les désamorcer.

- La méthode de la frappe préventive permet d'aborder le sujet du prix de manière proactive et constructive.

- En mettant en avant la valeur ajoutée de vos produits ou services, vous justifiez un prix plus élevé et augmentez vos chances de réussite.

Supprimer les blocages mentaux

Désarmez les objections en les faisant parler

Chaque prospect a des objections ou des préoccupations qu'il faut identifier et traiter pour conclure la vente. Une seule objection non résolue peut mettre un terme à la discussion.

Favorisez l'expression des objections en mettant vos clients à l'aise. Complimentez-les, créez une ambiance conviviale et encouragez-les à s'ouvrir sur leurs réticences dès le début.

La plupart des gens redoutent les confrontations. Ils ne cherchent pas la dispute, mais plutôt un accord mutuel. Plus vous installez une atmosphère détendue, plus ils seront enclins à partager leurs objections.

Écoutez attentivement et patiemment chaque objection. Même si elle vous est familière, montrez un vif intérêt en vous penchant en avant, en hochant la tête et en souriant. Pratiquez une écoute active et agissez comme si vous découvriez cette objection pour la première fois.

N'oubliez pas que l'écoute attentive, sans interruption, suivie d'une pause avant de répondre, de questions clarificatrices et d'une reformulation des propos du client, renforce la confiance. Même face à des objections, vous continuez à établir une relation positive avec le client.

> **En résumé :**
>
> - Identifiez et résolvez les objections pour conclure la vente.
> - Créez un environnement convivial pour encourager l'expression des objections.
> - Soyez un auditeur actif et patient, même face à des objections récurrentes.
> - Posez des questions pour clarifier les objections et reformulez les propos du client pour renforcer la confiance.

Apprenez les bons mots

Démêler les objections par des questions clarificatrices

Face aux objections des clients, plusieurs combinaisons de mots vous permettent de répondre efficacement. La technique la plus simple consiste à poser une question ouverte : «Que voulez-vous dire exactement par...?» ou «Pourriez-vous préciser votre objection ?».

Cette approche polyvalente s'applique à la plupart des déclarations des clients, y compris les objections et les préoccupations. En les incitant à développer leurs propos, vous obtenez des informations précieuses pour mener à bien la vente.

Une autre formulation efficace est : «Je comprends que vous ayez des réserves. Pourriez-vous m'expliquer plus en détail ce qui vous dérange ?».

Parfois, l'objection du client n'est pas clairement définie. En utilisant ces mots, vous le valorisez et l'encouragez à affiner sa réflexion. Vous obtenez ainsi des informations supplémentaires qui vous aideront à conclure la vente.

> **En résumé :**
>
> • Utilisez des questions ouvertes pour clarifier les objections et obtenir des informations détaillées.
>
> • Reconnaissez les préoccupations du client et encouragez-le à s'exprimer.
>
> • Tirez parti des informations recueillies pour adapter votre argumentaire et répondre aux besoins spécifiques du client.

Répondez aux objections avec des questions

Prendre le contrôle de la conversation par des questions

Lorsqu'un client pose une objection, répondez par une question plutôt que par une réponse immédiate. Rappelez-vous que celui qui pose les questions a le contrôle de la conversation. Si vous répondez directement, le client prend les rênes et vous perdez votre position dominante.

Comment reprendre le contrôle ? C'est simple. Lorsque le client pose une question, répondez : «C'est une excellente question ! Permettez-moi de vous poser une autre question avant de vous répondre.» Ensuite, enchaînez avec vos propres questions, en approfondissant la discussion. La plupart des clients oublieront vite qu'ils ont posé une question en premier lieu et vous regagnerez le contrôle de la situation.

Entraînez-vous à résister à l'envie instinctive de répondre immédiatement aux questions. Appliquez cette stratégie dans votre vie personnelle également. Lorsqu'on vous pose une question, faites une pause, souriez, puis posez une question à votre interlocuteur avant de lui donner votre réponse.

N'oubliez pas que les objections sont des opportunités de renforcer la confiance. En vous penchant en avant, en écoutant attentivement les objections et en traitant les clients avec respect, vous établissez une relation de confiance. Le client se détendra, vous appréciera davantage et sera plus enclin à acheter votre produit ou service.

En résumé :

- Répondez aux objections par des questions pour regagner le contrôle de la conversation.
- Entraînez-vous à poser des questions dans toutes vos interactions.
- Utilisez les objections pour établir la confiance et créer une relation positive avec le client.

Gérer les objections sur les prix

Maîtriser les objections liées au prix : techniques éprouvées

Aborder les objections liées au prix est une étape incontournable dans la plupart des ventes. Voici quelques stratégies clés pour les gérer efficacement :

1. Ne jamais discuter du prix :

- **Évitez de vous justifier ou de vous défendre.** Les prix sont fixés en fonction de divers facteurs stratégiques et ne sont pas sujets à négociation.

- **Ayez confiance en la valeur de votre produit ou service.** Vous proposez une solution de qualité qui répond aux besoins des clients.

2. Reformuler les objections pour cerner les motivations :

- **Lorsque le client exprime une objection relative au prix, posez des questions ouvertes pour en comprendre les raisons.**

    - **Exemple :** «Pourquoi dites-vous cela ?»

    - **Objectif :** Découvrir si le client a des informations erronées ou des attentes mal alignées.

3. Explorer les sentiments du client :

- **Interrogez le client sur ses ressentis vis-à-vis du prix.**

    - **Exemple :** «Pourquoi ressentez-vous cela ?»

    - **Objectif :** Amener le client à verbaliser ses préoccupations et à s'engager dans la conversation.

4. Recentrer sur la valeur globale :

- **Évitez de divulguer le prix trop tôt.** Priorisez la présentation des avantages et de la valeur de votre offre avant d'aborder le prix.

    - **Exemple :** «Le prix est-il votre seule préoccupation ?»

    - **Objectif :** Détourner l'attention du prix et mettre l'accent sur les bénéfices concrets pour le client.

5. Gérer les demandes prématurées de prix :

- **Si le client insiste pour connaître le prix avant la présentation complète, expliquez que le prix dépend des besoins spécifiques.**

    - **Exemple :** «M. Prospect, le prix dépend de vos besoins individuels. Permettez-moi de vous poser quelques questions pour mieux comprendre vos attentes.»

    - **Objectif :** Éviter de tuer la vente en dévoilant un prix inapproprié et susciter l'intérêt pour la valeur globale.

6. Questionner l'importance relative du prix :

- **Lorsque le prix semble être l'objection principale, amenez le client à réfléchir à l'importance relative du prix par rapport à d'autres facteurs.**

    - **Exemple :** «M. Prospect, le prix est-il plus important que la qualité du produit, les services associés, les garanties et le suivi client ?»

    - **Objectif :** Mettre en avant les atouts de votre offre et repositionner le prix comme un élément parmi d'autres.

7. Réorienter vers la recherche de solutions :

- **Face à des objections de prix spécifiques, reformulez-les en question incitant le client à réfléchir à des solutions.**

    - **Exemple :** «C'est plus que ce que vous attendiez à payer. À quelle distance sommes-nous de votre budget ?»

    - **Objectif :** Collaborer avec le client pour trouver un terrain d'entente et parvenir à un accord mutuellement satisfaisant.

8. Défier les objections par des questions percutantes :

- **Lorsque le client évoque la possibilité d'obtenir un produit ou un service moins cher, interrogez-le sur les aspects qu'il serait prêt à sacrifier.**

- ○ **Exemple :** «Puis-je obtenir ce produit moins cher ? Bien sûr. Quelle partie de mon offre souhaiteriez-vous que je laisse de côté afin de réduire le prix ?»

- ○ **Objectif :** Amener le client à reconsidérer la valeur de chaque composant de votre offre et à relativiser l'importance du prix.

En appliquant ces techniques, vous serez en mesure de gérer efficacement les objections liées au prix, de mettre en avant la valeur de votre offre et de conclure des ventes plus fructueuses.

N'oubliez pas que la confiance en soi, une communication claire et une écoute attentive sont des éléments clés pour réussir dans la négociation des prix.

La méthode Ressentir, Ressentir, Retrouver

Désarmez les objections de prix avec la technique «Toucher, Sentir, Trouver»

La méthode «Toucher, Sentir, Trouver» est une technique de vente classique, toujours efficace pour traiter les objections liées au prix.

Face à un client qui exprime une réticence face au prix, comme «C'est assez cher», répondez par :

- «Je comprends parfaitement votre ressenti.»
- «D'autres clients ont eu la même réaction en découvrant notre prix pour la première fois.»
- «Mais voici ce qu'ils ont ensuite découvert en utilisant notre produit...»

Enchaînez ensuite avec une explication logique justifiant le prix plus élevé par la valeur et les avantages de votre produit ou service.

Exemple :

«Je comprends votre réaction. D'autres clients ont ressenti la même chose en découvrant le prix de cet article. Mais après l'avoir utilisé, ils ont constaté qu'il était amorti en moins de deux mois et qu'il représentait une bien meilleure affaire qu'un produit moins cher de nos concurrents.»

Vous pouvez également raconter une anecdote ou une histoire d'un client satisfait qui, malgré ses doutes initiaux sur le prix, a acheté votre produit et en retire aujourd'hui de nombreux bénéfices.

En résumé :

- Reconnaissez et comprenez les sentiments du client.
- Tirez parti d'exemples concrets pour illustrer la valeur de votre offre.
- Mettez en avant les avantages tangibles et les retours sur investissement.
- Utilisez des témoignages de clients satisfaits pour renforcer la crédibilité.

Gérer le prix au téléphone

Désarmez l'objection du prix par une garantie «satisfait ou remboursé»

Témoignage d'un vendeur qui a réussi à contourner les objections liées au prix en pleine récession.

Le contexte :

- L'économie est en récession.
- Les entreprises réduisent leurs dépenses.
- Le produit proposé est excellent, à un prix raisonnable et garanti.
- Le défi : Convaincre les clients potentiels de prendre rendez-vous pour découvrir le produit.

L'objection :

- **«Combien ça coûte ?»** Dès que le prix est mentionné, les clients potentiels s'arrêtent net et refusent de poursuivre la conversation.

La solution :

- **Plutôt que de donner le prix directement, proposer une garantie «satisfait ou remboursé».**

La conversation :

- **Client potentiel :** «Combien ça coûte ?»
- **Vendeur :** «C'est la meilleure partie ! Si cela ne vous convient pas, il n'y a aucun frais !»
- **Client potentiel :** (surpris) «Quoi ? Que voulez-vous dire ?»
- **Vendeur :** «M. Prospect, vous n'achèteriez pas ce produit à moins qu'il ne vous convienne parfaitement, n'est-ce pas ?»
- **Client potentiel :** «C'est vrai.»
- **Vendeur :** «Alors, s'il ne vous satisfait pas, vous ne payez rien. Qu'en dites-vous ?»
- **Client potentiel :** (après réflexion) «D'accord, qu'est-ce que c'est ?»
- **Vendeur :** «C'est exactement ce dont je veux vous parler. Je n'ai besoin que de 10 minutes de votre temps pour vous le présenter. Vous pourrez ensuite juger par vous-même.»

Résultat :

- En proposant une garantie «satisfait ou remboursé», le vendeur parvient à susciter l'intérêt du client potentiel et à obtenir un rendez-vous.
- Lors de la rencontre en face-à-face, le vendeur peut présenter les avantages du produit et conclure la vente.

Points clés à retenir :

- L'objection du prix est courante, mais elle peut être surmontée.
- La garantie «satisfait ou remboursé» élimine le risque pour le client potentiel et le rend plus enclin à écouter.
- Une fois le rendez-vous obtenu, le vendeur a l'opportunité de démontrer la valeur du produit et de conclure la vente.

Éliminer la compréhension floue

En vente, la clarté est votre atout principal, l'incompréhension votre pire ennemi

La clé du succès en vente réside dans la clarté. Si vos clients ne saisissent pas clairement la valeur de votre produit ou service au prix que vous proposez, les objections deviennent inévitables.

A l'origine de la plupart des objections se trouve une compréhension floue de l'offre.

- **Problème non identifié :** Si vous n'avez pas posé suffisamment de questions ou réalisé une présentation efficace, le problème que votre produit résout restera obscur pour vos prospects. Ne percevant pas votre produit comme la solution idéale à leur problème, ils n'auront aucune motivation à l'acheter. Ils se focalisent sur le prix et non sur les avantages.

- **Besoin non ciblé :** Il est possible que le besoin que votre produit satisfait ne soit pas clair pour le prospect. N'oubliez pas que ce sont les besoins perçus qui motivent les achats. Si vous n'avez pas abordé le besoin réel du prospect, il restera neutre vis-à-vis de votre produit et incapable de prendre une décision d'achat.

- **Avantages non explicités :** Les avantages de votre produit ou service peuvent ne pas être clairs. Les clients doivent sentir que les bénéfices qu'ils retireront dépassent largement le prix que vous demandez. Si cela n'est pas clair pour eux, aucune décision d'achat n'est possible.

- **Proposition de Vente Unique (USP) non communiquée :** Votre USP est l'avantage unique qui distingue votre produit ou service de la concurrence. Vous devez d'abord identifier clairement votre USP, puis vous assurer que votre client le comprend également.

- **Absence d'urgence** : Le prospect peut ne pas ressentir l'urgence d'agir. Il ne voit aucune raison d'acheter maintenant plutôt que plus tard. N'oubliez pas : «Pas d'urgence, pas de vente !». Même si les gens apprécient votre produit et votre discours de vente, s'ils pensent pouvoir l'acheter plus tard au même prix, ils risquent de reporter leur décision. Ou bien, pour éviter le stress lié à l'achat, ils vous disent qu'ils ont besoin de plus de temps pour réfléchir.

C'est pourquoi il est crucial d'avoir un «atout supplémentaire» dans votre manche : une offre spéciale qui incitera votre client à conclure l'achat aujourd'hui.

En résumé :

- Posez des questions précises pour cerner les besoins du client.
- Présentez clairement les avantages de votre produit et leur lien avec les besoins du client.
- Insistez sur votre USP et montrez en quoi elle différencie votre produit de la concurrence.
- Créez un sentiment d'urgence pour inciter le client à agir rapidement.
- Proposez un bonus exclusif pour motiver la décision d'achat immédiate.

Suivez la formule

Maîtriser les objections : une formule simple pour conclure des ventes

Face à une objection d'un client potentiel, suivez ces étapes simples pour la déjouer et poursuivre la vente :

1. **Répondez avec politesse et professionnalisme :** Écoutez attentivement l'objection du client et adressez-la de manière courtoise et respectueuse. Ne prenez pas l'objection comme une attaque personnelle.

2. **Apportez des preuves tangibles :** Renforcez votre réponse en fournissant des éléments concrets qui confirment la valeur de votre produit ou service. Cela peut inclure des témoignages de clients satisfaits, des études de cas ou des données pertinentes.

3. **Vérifiez la compréhension du client :** Reformulez l'objection du client pour vous assurer qu'elle est bien comprise. Demandez ensuite au client si votre réponse a dissipé ses doutes ou s'il a besoin d'informations supplémentaires.

4. **Poursuivez votre présentation :** Une fois que l'objection a été traitée, reprenez votre présentation de vente en douceur. Tirez parti de l'objection pour approfondir les besoins du client et adapter votre argumentaire en conséquence.

N'oubliez pas que les objections ne sont pas des obstacles, mais des opportunités.

- Plus un client émet d'objections, plus il montre un intérêt pour votre offre.
- Chaque objection est une chance de mieux comprendre ses besoins et de personnaliser votre approche.
- En transformant habilement les objections en arguments de vente, vous augmentez vos chances de conclure la vente.

Pratiquer le jujutsu d'objection. Jujutsu, directement traduit du japonais, signifie « art doux » ou « technique flexible ». C'est l'art martial développé pour combattre un adversaire blindé en utilisant l'énergie de l'attaquant au lieu de s'y opposer. Pour maîtriser le jujutsu d'objection, procédez comme suit :

- N'utilisez pas de termes répréhensibles, surtout au début de la conversation.
- Anticipez et répondez aux objections au nom de vos prospects. S'ils s'habituent à ce que vous attiriez l'attention sur des points de discorde, ils baisseront leur garde.
- Utilisez la structure de votre présentation tout en entrelaçant les réponses aux objections courantes au fur et à mesure. L'idée ici est d'éviter les objections autant que possible et de passer directement à la clôture de la vente.

EXERCICES

Voici maintenant quelques exercices pour vous aider à devenir plus efficace pour répondre aux objections à l'avenir :

- Quelles sont les trois objections les plus courantes que vous recevez lorsque vous contactez un prospect pour la première fois ?
- Complétez cette phrase : « Je pourrais vendre à tous ceux avec qui je parlais à condition que quelqu'un ne le dise pas... »
- Quelles sont les trois objections les plus courantes que vous recevez à la fin de la conversation commerciale pour ne pas avoir acheté ce que vous vendez ?
- Quelles sont les trois manières dont vous pouvez répondre à une objection de prix, en particulier lorsque le client dit que votre prix est trop élevé ?
- Quelles sont les trois affirmations les plus puissantes que vous utilisez pour neutraliser les objections au cours de vos conversations commerciales ?
- Quelles sont les trois choses que vous pouvez faire pour permettre aux clients de s'opposer facilement et d'exprimer toute préoccupation qu'ils pourraient avoir concernant l'achat de votre produit ou service ?
- Quels sont trois exemples de « compréhension floue » que les clients pourraient avoir et qui les amèneraient à hésiter à acheter votre produit ou service à la fin de votre présentation ?

Enfin, quelle action allez-vous entreprendre immédiatement à la suite de ce que vous avez appris dans ce chapitre ?

Enfin, quelle action allez-vous entreprendre immédiatement à la suite de ce que vous avez appris dans ce chapitre ?

CHAPITRE 10

CLÔTURE DE LA VENTE

Maîtriser la conclusion de la vente : la clé du succès commercial

Quelle que soit la nature de votre produit ou votre technique de vente, la capacité à amener vos clients potentiels à prendre une décision d'achat ferme est essentielle à votre réussite. Les meilleurs vendeurs excellent dans l'art de mener à bien la phase de conclusion de la vente. Heureusement, conclure une vente est une compétence qui s'apprend, comme apprendre à faire du vélo. Il s'agit simplement de savoir utiliser les bons mots et poser les bonnes questions au bon moment de la présentation.

Maîtriser la conclusion des ventes vous permet de prendre le contrôle total de votre avenir professionnel.

Au début de ma carrière de vendeur, j'ai rencontré une résistance constante à la vente. Je passais des journées entières à enchaîner les appels sans conclure la moindre vente. Je travaillais sans relâche, du matin au soir, et pourtant, les résultats étaient maigres. Mon produit était abordable et rentable dès la première utilisation. Ma présentation était simple et directe. J'étais enthousiaste et positif. Mes clients potentiels auraient pu facilement acheter mon produit sans hésitation, et pourtant, je n'arrivais pas à vendre.

Comme beaucoup de vendeurs en difficulté, je cherchais des excuses externes à mon manque de succès. J'incriminais le produit, l'entreprise, le prix, le marché, la concurrence, l'économie… toutes les raisons possibles et imaginables.

Mais j'ai fini par comprendre que le problème ne venait ni du produit, ni de l'environnement, mais de moi. Je n'avais pas encore acquis les compétences nécessaires pour conclure efficacement mes ventes.

J'ai donc décidé de me concentrer sur l'amélioration de ma technique de conclusion. J'ai étudié les méthodes des meilleurs vendeurs, j'ai pratiqué sans relâche et j'ai analysé mes erreurs. Au fil du temps, j'ai développé une approche plus efficace qui m'a permis de transformer mes prospects en clients.

Aujourd'hui, je suis convaincu que conclure une vente est une compétence indispensable pour tout vendeur qui souhaite réussir. En apprenant à identifier les signaux d'achat, à poser les bonnes questions et à utiliser un langage persuasif, vous pouvez augmenter considérablement vos chances de conclure des ventes et de booster votre activité commerciale.

N'oubliez pas que la conclusion de la vente n'est pas une étape à prendre à la légère. C'est le moment crucial où vous récoltez les fruits de votre travail et concrétisez l'intérêt de votre client potentiel. En maîtrisant cette étape essentielle, vous ouvrirez les portes du succès et propulserez votre carrière de vendeur vers de nouveaux sommets.

L'erreur fatale du vendeur : laisser le client «y réfléchir»

Avant de maîtriser la technique de conclusion de vente, je commettais une erreur cruciale : je laissais le client «y réfléchir» après ma présentation.

Je concluais ma présentation commerciale avec enthousiasme en disant : «Eh bien, c'est tout. Qu'en pensez-vous ?» La réponse était presque toujours la même : «Laissez-moi y réfléchir. Rappelez-moi la semaine prochaine (ou le mois prochain)».

Je remerciais poliment le prospect et passais au suivant, plein d'espoir. Mais en tentant de les rappeler, je tombais invariablement sur des «en réunion» ou «hors du bureau». Je n'avais jamais l'occasion de revoir le prospect, et aucune de ces présentations ne se transformait en vente. C'était décourageant.

J'ai ensuite appris que les mots «laissez-moi y réfléchir» ou «je veux y réfléchir» sont souvent utilisés par les clients pour dire «au revoir». En réalité, le client signifie : «Vous n'avez pas demandé la vente. Je n'y penserai plus jamais, ni à vous ni à votre offre. Dès que vous quitterez mon bureau, nos chemins se sépareront définitivement.»

Il y a une chanson de Stevie Wonder intitulée «Fingertips, Part 2» où, accompagné d'un piano et d'un harmonica, il chante avec enthousiasme : «Au revoir, au revoir, au revoir, au revoir, au revoir, au revoir, au revoir !». Chaque fois qu'un prospect disait «laissez-moi y réfléchir», j'aurais dû entendre ce refrain en arrière-plan, les mots «Au revoir ! Au revoir ! Au revoir !» résonnant dans mon esprit.

Cette erreur m'a coûté de nombreuses ventes potentielles. J'ai perdu de précieuses opportunités par manque de confiance et d'audace dans la conclusion de la vente.

Heureusement, j'ai appris de mes erreurs et j'ai développé une technique de conclusion plus efficace. Aujourd'hui, je ne laisse plus jamais un client «y réfléchir». Je guide la conversation vers la décision d'achat et je demande clairement le «oui» ou le «non» du prospect.

Apprenez à conclure la vente

La prise de conscience qui a transformé ma carrière de vendeur

Un jour, j'ai eu une révélation fulgurante : mon manque de succès en vente n'était dû qu'à une seule personne : moi-même. Plus précisément, j'ai réalisé que c'était mon incapacité à conclure la vente, à demander la commande, qui me rendait improductif.

Le lendemain, en lisant un livre sur la vente, je suis tombé sur une technique de conclusion qui semblait parfaitement adaptée à mon produit simple. Cette technique affirmait qu'à la fin de la présentation, les clients ont toutes les informations nécessaires pour prendre une décision d'achat. Ils n'ont pas besoin de plus de détails ni de temps de réflexion.

Déterminé comme un soldat face à l'ennemi, j'ai décidé de forcer la conclusion de chaque conversation commerciale, d'une manière ou d'une autre.

Dès le lendemain matin, lors de mon premier appel, après ma présentation habituelle, le prospect me dit : «Laissez-moi y réfléchir. Rappelez-moi la semaine prochaine.»

Avec fermeté et assurance, j'ai répondu : «Je ne fais pas de rappels.»

Je me souviens encore de la surprise du prospect. «Comment ça, vous ne faites pas de rappels ?»

J'ai expliqué : «Monsieur Prospect, ce n'est pas une décision majeure. Vous avez toutes les informations nécessaires pour prendre votre décision d'achat, dès maintenant. Il n'y a pas

besoin de réfléchir davantage. Un rappel ne changerait rien, il n'y a rien de plus à dire. Alors, pourquoi ne pas l'acheter maintenant ?»

Il m'a regardé fixement pendant quelques secondes, puis a déclaré : «**Eh bien, si vous ne me rappelez pas, autant l'acheter tout de suite.**» Il a sorti son chéquier, a rédigé le chèque et me l'a tendu. La vente était conclue !

Cette expérience a marqué un tournant décisif dans ma carrière de vendeur. J'ai compris que la conclusion de la vente n'était pas une étape facultative, mais une étape cruciale du processus de vente. En apprenant à demander la commande avec confiance et en utilisant des techniques de conclusion efficaces, j'ai pu augmenter considérablement mes ventes et atteindre un succès que je n'aurais jamais imaginé auparavant.

La technique de conclusion qui a révolutionné ma carrière de vendeur

Après avoir réalisé que mon incapacité à conclure les ventes était la source de mon manque de succès, j'ai appliqué une technique de conclusion simple mais efficace. J'ai cessé de laisser les clients «y réfléchir» et j'ai commencé à demander la commande avec assurance.

Le résultat a été immédiat et stupéfiant. Lors de mes trois appels suivants, j'ai réalisé trois ventes en moins d'une heure, alors qu'auparavant, je n'en faisais qu'une ou deux par semaine.

Ma productivité a explosé. Je courais de porte en porte, concluant des ventes à un rythme effréné. Mes revenus ont grimpé en flèche, me permettant d'améliorer considérablement mon train de vie. En quelques mois, j'ai été promu directeur des ventes et j'ai commencé à partager ma technique avec l'ensemble de l'équipe.

L'impact a été fulgurant. Un vendeur expérimenté, participant à l'un de mes séminaires, m'a contacté un mois plus tard pour me dire qu'il avait triplé ses revenus en trente jours en appliquant une seule technique de conclusion. Après treize années de stagnation, il a enfin connu une percée spectaculaire. En partageant cette technique avec ses collègues, il a permis à l'ensemble de l'équipe de doubler leurs ventes le mois suivant.

Cette histoire illustre le pouvoir transformateur d'une technique de conclusion adaptée à vos besoins. En trouvant la formule qui vous convient, vous pouvez débloquer un potentiel de vente insoupçonné et propulser votre carrière vers de nouveaux sommets.

N'oubliez pas que la clé du succès réside dans l'action. Ne laissez pas la peur ou l'incertitude vous freiner. Adoptez une approche proactive, testez différentes techniques et trouvez celle qui vous permet de conclure des ventes avec confiance et efficacité. Les résultats suivront immanquablement.**

En résumé :

- Identifiez la technique de conclusion qui correspond à votre style de vente et à votre produit.
- Appliquez-la avec assurance et persévérance.
- Analysez vos résultats et adaptez votre approche si nécessaire.
- Partagez votre succès avec les autres et inspirez-les à atteindre leur plein potentiel.

Pourquoi la clôture est difficile

La peur : l'ennemi invisible de la vente

La conclusion d'une vente est souvent une étape redoutée, tant pour le vendeur que pour le client. Cette appréhension découle d'expériences d'achat négatives passées, où les clients ont eu le sentiment d'être lésés, d'avoir payé un prix excessif pour un produit de qualité médiocre ou inadéquat, ou encore de s'être retrouvés avec un article défectueux.

Cette peur de l'échec, partagée par la plupart des clients, constitue un obstacle majeur à la prise de décision d'achat. Elle représente environ 80% des motivations qui poussent les clients à éviter de conclure une vente.

Du côté du vendeur, la peur du rejet joue un rôle tout aussi important. La crainte de déplaire au prospect ou de ne pas obtenir son approbation le paralyse souvent, l'empêchant de demander explicitement la commande. Cette timidité est responsable de l'échec de 80% des demandes de vente.

En effet, plus de la moitié des conversations commerciales se terminent sans qu'aucune action concrète ne soit entreprise, même pas la prise d'un rendez-vous ultérieur. Les vendeurs, craignant le refus, se contentent souvent d'un simple «merci» et d'un «au revoir», laissant ainsi filer une opportunité de vente potentielle.

Pour surmonter ces peurs paralysantes et booster les ventes, il est crucial de comprendre leur origine et de mettre en place des stratégies pour les contrer. Les vendeurs doivent développer leur confiance en soi et adopter une approche proactive, en posant des questions claires et directes pour cerner les besoins du client et en présentant leur produit avec conviction.

De leur côté, les clients doivent apprendre à dépasser leurs appréhensions et à évaluer objectivement les offres qui leur sont présentées. En posant des questions pertinentes et en comparant attentivement les options disponibles, ils pourront prendre des décisions d'achat éclairées et satisfaisantes.

En reconnaissant et en gérant efficacement la peur, tant du côté des vendeurs que des clients, il est possible de créer un environnement propice à la conclusion de ventes réussies et à la satisfaction mutuelle.

Le nouveau modèle de vente

Réduire le stress de la vente : un nouveau modèle pour le succès

Le chapitre 4 présente un nouveau modèle de vente qui vise à réduire le stress lié à la conclusion de la vente, tant pour le client que pour le vendeur. Ce modèle détourne l'attention de la pression exercée sur le client pour qu'il prenne une décision et se concentre plutôt sur la manière dont le produit ou service peut améliorer sa vie ou son activité.

Établir la confiance : la clé pour dissiper les craintes

L'établissement de la confiance représente 40 % du processus de vente. Elle se construit en prenant le temps de poser des questions pertinentes et d'identifier soigneusement les besoins du client. Plus vous posez de questions sur ses besoins, ses désirs et ses préoccupations réels, et plus vous écoutez attentivement ses réponses, plus vous renforcez la confiance.

La confiance comme antidote au stress et à la peur

Il existe une relation inverse entre la confiance et le stress ou la peur du client. Plus le niveau de confiance et de crédibilité que vous établissez auprès du client est élevé, moins il ressentira de peur, de doute ou d'inquiétude face à l'achat de votre produit ou service. Lorsque la confiance du client atteint son maximum, la peur d'acheter disparaît complètement.

Présentation centrée sur le client : faire correspondre les avantages à ses besoins

Au lieu de tenter de persuader le client d'acheter, la présentation doit mettre en évidence la correspondance entre les avantages de votre offre et ses besoins spécifiques. En vous basant sur ses propres déclarations (les gens ne remettent généralement pas en question leurs propres informations), vous démontrez que votre produit ou service constitue la solution idéale à son problème ou le meilleur moyen de répondre à son besoin dans ce domaine. En identifiant soigneusement ses besoins et en les retransmettant au cours de la conversation commerciale, le client conclut de lui-même que votre produit ou service est le meilleur choix.

Confirmation et conclusion : une étape simplifiée

Si vous avez établi la confiance en identifiant les besoins du client et présenté votre produit comme la meilleure solution pour y répondre, la phase de confirmation et de conclusion–les 10 % restants de la vente–devient beaucoup plus facile. Le client, convaincu de la valeur de votre offre, sera plus enclin à passer à l'achat.

Conditions à remplir

Les 4 conditions à remplir avant de demander la vente

Avant de demander la vente, il est crucial de s'assurer que quatre conditions essentielles sont réunies :

1. Besoin du client : Le client doit exprimer un besoin réel pour le produit ou service que vous proposez. Il ne s'agit pas de lui imposer une solution, mais de lui apporter une réponse adéquate à un problème qu'il rencontre.

2. Capacité d'utilisation : Le client doit être en mesure d'utiliser efficacement votre produit ou service. Il est inutile de vendre un logiciel complexe à un client qui n'a pas les compétences requises pour l'exploiter pleinement.

3. Moyens financiers : Le client doit disposer des ressources financières suffisantes pour s'offrir votre produit ou service. La valeur perçue par le client doit dépasser le prix d'achat.

4. Désir d'achat : Le client doit clairement manifester son intérêt pour votre offre. Il ne faut pas précipiter la conclusion de la vente avant que le client n'ait exprimé son désir d'acheter.

Identifier les signaux d'achat

Comment savoir si le client remplit ces quatre conditions ? Il est important de prêter attention aux signaux d'achat qu'il émet. Ces signaux peuvent être verbaux ou non verbaux :

- **Expressions verbales :** Le client peut dire «Ça a l'air plutôt bien. Comment puis-je l'obtenir ?» ou «Quelle est la prochaine étape ?»

- **Langage corporel :** Le client peut se pencher en avant, adopter une attitude positive et enthousiaste, prendre vos supports de vente en main ou hocher la tête et sourire en signe d'approbation.

Confirmer l'intérêt du client

Si le client ne donne pas de signaux d'achat clairs, deux questions de confirmation peuvent être posées pour s'assurer qu'il est prêt à conclure la vente :

1. **«Avez-vous des questions ou des préoccupations que je n'ai pas abordées ?»** Un «non» de la part du client signifie généralement qu'il est prêt à prendre une décision, qu'elle soit positive ou négative.

2. **«Est-ce que cela a du sens pour vous jusqu'à présent ?»** Un «oui» de la part du client indique également qu'il est prêt à passer à l'étape suivante du processus de vente.

En conclusion, avant de demander la vente, il est essentiel de s'assurer que le client a besoin de votre produit ou service, qu'il peut l'utiliser, qu'il a les moyens de se l'offrir et qu'il exprime clairement son désir d'acheter. En identifiant les signaux d'achat et en posant des questions de confirmation, vous pouvez évaluer l'intérêt du client et conclure la vente en toute confiance.

Techniques de clôture des ventes

Il existe plus d'une centaine de façons différentes de conclure la vente qui ont été identifiées au fil des décennies. Mais en fin de compte, il existe sept techniques de clôture des ventes qui représentent plus de 90 % de toutes les clôtures. Ils sont:

1. La clôture sur invitation

2. La préférence fermer

3. La Directive Fermer

4. La clôture de l'autorisation

5. La clôture secondaire

6. La clôture de l'objection

7. La clôture « Laissez-moi y réfléchir.

La clôture sur invitation

«Pourquoi ne pas essayer ?» : Une technique de conclusion simple et efficace

Cette technique de conclusion repose sur une question simple et directe posée à la fin de la présentation commerciale : «Est-ce que cela a du sens pour vous jusqu'à présent ?»

Si le client répond «Oui, ça a l'air plutôt bien», vous enchaînez avec : «Eh bien, alors, pourquoi ne pas essayer ?»

Cette question en deux parties est particulièrement efficace :

- **La première partie («Pourquoi pas...»)** offre au prospect l'opportunité de poser des questions supplémentaires ou de soulever des doutes avant de prendre une décision.

- **La deuxième partie («... essayez-le»)** encourage le client à passer à l'action tout en minimisant la pression, en présentant l'essai comme une simple prise en main du produit ou service.

Cette approche adoucit la décision d'achat, réduit le stress et permet au client de dire «oui» plus facilement.

Adapter la question à votre produit ou service

- **Pour les services :** «Si vous aimez ce que je vous ai montré, pourquoi ne pas nous essayer ?» En utilisant «nous», vous soulignez que l'ensemble de votre entreprise se mobilise pour répondre aux besoins du client.

- **Pour les produits tangibles :** «Si vous l'aimez, pourquoi ne l'achetez-vous pas ?» ou «Si vous l'aimez, pourquoi ne le prenez-vous pas ?»

Un exemple concret de réussite

Un agent immobilier expérimenté a utilisé cette technique avec un couple visitant une maison. Après la visite, il leur a demandé : «Comment aimez-vous la maison ?» Le couple a répondu qu'elle semblait plutôt bien. Il a alors lancé : «Alors pourquoi ne l'achetez-vous pas ?» Surpris, le couple a acquiescé et l'agent a rédigé l'offre sur le capot de sa voiture.

En adoptant cette question simple, l'agent immobilier a vu ses ventes bondir de 32% le mois suivant et a finalement pu prendre sa retraite en tant que l'un des vendeurs les mieux payés de son secteur.

Le défi : oser essayer

La partie la plus difficile est de surmonter la peur d'utiliser cette technique pour la première fois face à un client réel. Mais une fois le cap franchi, vous pourrez l'utiliser à maintes reprises, chaque fois que l'occasion se présentera.

Alors, pourquoi ne pas essayer ?

La fermeture de la préférence

La technique de la préférence : Offrir un choix pour conclure la vente

Cette technique de conclusion consiste à présenter au client deux options attractives, lui permettant ainsi de faire un choix plutôt que de se retrouver face à un simple «oui» ou «non».

Par exemple, vous pouvez demander : «Préférez-vous la version A ou la version B ?» Cette approche est parfois appelée «clôture alternative» car elle offre des alternatives parmi lesquelles le client peut choisir.

Pourquoi cette technique fonctionne-t-elle ?

Les gens apprécient la liberté de choix. Ils se sentent moins contraints par des ultimatums qui les forceraient à acheter un seul article ou à renoncer à l'achat. En posant une question comme «Lequel préférez-vous, A ou B ?», vous augmentez considérablement les chances que le client choisisse l'une des deux options, plutôt que de refuser catégoriquement.

Adapter la technique à votre produit ou service

Même si vous ne vendez qu'un seul produit, vous pouvez utiliser la technique de la préférence en jouant sur le prix, les conditions ou la livraison. Par exemple, vous pouvez demander au client s'il préfère payer en espèces ou en plusieurs fois, utiliser une carte de crédit ou un autre moyen de paiement, ou encore recevoir le produit immédiatement ou opter pour une livraison.

Quelle que soit la réponse du client à ces choix, il aura pris une décision d'achat, facilitant ainsi la conclusion de la vente.

> **En résumé :**
>
> La technique de la préférence repose sur l'idée de donner au client l'illusion du choix. En lui présentant deux options attrayantes, vous le poussez à prendre une décision positive et à concrétiser son achat.

Avantages de la technique de la préférence :

- Réduit la pression sur le client
- Augmente le sentiment de contrôle du client
- Favorise une prise de décision plus rapide
- Maximise les chances de conclure la vente

N'hésitez pas à tester cette technique simple et efficace pour booster vos ventes et améliorer votre taux de conversion.

La directive fermeture

La directive de conclusion : Une technique puissante pour les ventes complexes

Considérée comme l'une des techniques de conclusion les plus efficaces, avec un taux de réussite de 70% auprès des prospects qualifiés, la directive de conclusion est particulièrement appréciée des meilleurs vendeurs, notamment dans le domaine des ventes complexes. Elle est particulièrement adaptée aux situations où le produit ou service implique des étapes successives et où la relation commerciale se poursuit au-delà de la vente initiale.

Le principe de la directive de conclusion

La technique consiste à poser une question simple au client : «Est-ce que cela a du sens jusqu'à présent ?» Si le client répond positivement, généralement en disant «Oui, ça a l'air plutôt bien», vous enchaînez en décrivant les étapes suivantes du processus d'achat et de livraison du produit ou service.

Exemple d'utilisation

«Eh bien, la prochaine étape est que j'aurai besoin de votre signature sur ces deux formulaires, d'un chèque de votre part de 1 450 € et de l'adresse de livraison. Je traiterai ces informations au bureau, finaliserai la transaction, la transmettrai à notre système et le produit devrait vous être livré d'ici jeudi après-midi, accompagné d'une explication complète de notre garantie. Qu'en pensez-vous ?»

Assumer la vente

En utilisant la directive de conclusion, vous «assumez la vente». Vous agissez comme si le client avait déjà accepté l'achat, même s'il n'a pas encore explicitement donné son accord. Cette approche confiante et proactive encourage le client à finaliser la transaction.

Parfois appelée «parler après la vente», cette technique simule une conversation informelle sur les étapes post-achat, comme si le client avait déjà dit «oui».

Maîtriser la directive de conclusion

Utiliser efficacement la directive de conclusion exige de la part du vendeur confiance, fermeté et franchise. La pratique vous permettra de l'utiliser avec aisance et d'en constater les nombreux succès.

> **En résumé.**
>
> La directive de conclusion est une technique de vente puissante, particulièrement adaptée aux ventes complexes. En posant une question simple et en décrivant les étapes suivantes avec assurance, vous pouvez guider le client vers une décision d'achat positive.

L'autorisation clôture

Techniques de conclusion puissantes pour booster vos ventes

1. La clôture par autorisation : guider le client vers l'achat

Cette technique consiste à poser une question simple au prospect à la fin de la présentation commerciale : «Avez-vous des questions ou des préoccupations que je n'ai pas abordées ?» Si le prospect répond «non», cela signifie généralement qu'il est prêt à passer à l'achat.

Ensuite, vous sortez le bon de commande ou le contrat et le remplissez en demandant les informations nécessaires au prospect. Pour conclure, vous retournez le contrat et prononcez les mots clés : «Si vous l'autorisez, nous pouvons commencer tout de suite.»

L'utilisation du mot «autoriser» plutôt que «signer» est intentionnelle. Les gens sont plus enclins à autoriser des choses qu'à signer des documents formels. Demander une signature peut susciter des hésitations et un désir de «réfléchir».

2. La clôture par ultimatum : mettre fin aux tergiversations

Cette technique est utile lorsque vous avez passé beaucoup de temps avec un prospect indécis qui ne prend pas de décision. Face à ces allers-retours chronophages, il est important de fixer une limite.

Vous contactez le prospect et lui annoncez avoir des informations intéressantes à lui communiquer. Vous le conviez à une rencontre en personne pour en discuter. Lors de cette rencontre, vous remplissez le bon de commande en détail. Après quelques plaisanteries, vous abordez le sujet :

«M. Prospect, j'ai beaucoup réfléchi à notre projet. Il s'agit d'une opportunité intéressante pour vous, soit qu'elle vous convienne, soit qu'elle ne vous convienne pas. Quoi qu'il en soit, prenons une décision aujourd'hui.»

Vous sortez le contrat complété et le posez sur la table. «J'ai préparé le bon de commande en fonction de nos discussions. Si vous l'autorisez, nous pouvons commencer immédiatement.»

Vous désignez l'emplacement où le prospect doit signer, souriez et gardez le silence. La règle est simple : celui qui parle en premier après la question finale perd.

En voyant le contrat, le prospect comprend que c'est votre dernière tentative. Il doit prendre une décision, qu'elle soit positive ou négative. C'est le moment de choisir.

Résultats attendus :

- **60% des cas :** Le prospect signe le contrat et la vente est conclue.
- **40% des cas :** Le prospect décline l'offre, mais vous êtes libre de passer à d'autres opportunités.

Avantages de ces techniques :

- Guident le client vers une décision claire
- Mettre fin aux tergiversations chronophages
- Libérer du temps et de l'énergie pour de nouvelles opportunités

En utilisant ces techniques de conclusion puissantes, vous pouvez booster vos ventes, réduire le stress lié aux négociations et vous concentrer sur la croissance de votre entreprise.

N'oubliez pas : La confiance, la fermeté et la franchise sont des atouts clés pour réussir ces techniques.

La clôture secondaire

Réduire le stress d'achat avec la technique de clôture secondaire

Prendre une décision d'achat, surtout importante, peut être source de stress. Pour apaiser les clients et les encourager à concrétiser leur achat, la technique de clôture secondaire s'avère particulièrement efficace.

Le principe : Se concentrer sur un détail mineur du produit ou du service, et en faire l'objet d'une décision immédiate. En acceptant ce détail, le client s'engage implicitement à acheter le produit dans son ensemble.

Exemples d'application :

- **Vente d'une voiture haut de gamme :** «Si vous achetez cette voiture aujourd'hui, préférez-vous les pneus d'usine ou les pneus de course Michelin ?» Si le client opte pour les pneus Michelin, il a de facto décidé d'acheter la voiture.

- **Vente d'un logiciel :** «Souhaitez-vous que nous installions le logiciel pour vous ou préférez-vous que votre service informatique s'en charge ?» Si le client répond «Nous aimerions que votre entreprise l'installe» ou «Notre service informatique est capable de le faire», la vente est conclue.

Deux éléments clés pour booster le désir d'achat :

1. Prendre en charge les détails

En soulignant votre volonté de gérer les détails de la transaction, du traitement de la commande à la livraison, vous augmentez l'attractivité de votre offre. Proposer de «s'occuper de tout» rassure les clients souvent débordés et pressés. Par exemple : «Si vous signez ces deux pages, je m'occupe du reste. Je peux remplir les informations manquantes et obtenir les détails nécessaires auprès de votre comptable.»

2. Mettre l'accent sur l'immédiateté

Les clients apprécient l'idée de «commencer tout de suite». Utilisez ce mot pour stimuler leur enthousiasme et leur désir de concrétiser l'achat. Même si la livraison immédiate n'est pas possible, soulignez que «nous pouvons commencer le processus dès maintenant». Cette perspective les motive à prendre une décision rapide.

En conclusion, la technique de clôture secondaire, en se concentrant sur un détail mineur et en mettant l'accent sur votre prise en charge et l'immédiateté, permet de réduire le stress d'achat et d'augmenter les chances de conclure des ventes fructueuses.

L'OBJECTION FERME

Gérer les objections et conclure la vente avec la technique du «si nous pouvions»

Face à une objection concernant le prix, comme «Nous aimons votre offre, mais nous ne pouvons pas nous permettre 500 € de plus par mois», la technique du «si nous pouvions» s'avère très efficace.

Le principe : Proposer une solution alternative qui répond à l'objection du client. Par exemple : «Si nous pouvions étaler les paiements sur une année supplémentaire et les ramener en dessous de 400 € par mois, l'accepteriez-vous ?»

Pourquoi cette technique fonctionne-t-elle ?

- **Elle ne vous engage pas :** L'utilisation de mots comme «pourrait» ou «pouvoir» laisse l'action finale ouverte. Vous ne faites aucune promesse ferme, mais proposez simplement une solution hypothétique.

- **Elle recentre le client sur l'achat :** En reformulant l'objection en une question positive, vous encouragez le client à réfléchir à la possibilité d'un accord.

- **Elle donne le contrôle au client :** Le client a le pouvoir de dire «oui» ou «non» à votre proposition. Cela le responsabilise et le rend plus enclin à prendre une décision d'achat.

Exemples d'utilisation :

- **Objection sur le délai :** Client : «Nous aimons votre produit, mais nous en aurions besoin d'ici vendredi et vous avez besoin d'un mois pour le livrer.» Vous : «Si nous pouvions vous le procurer d'ici vendredi, le prendriez-vous ?»

- **Objection sur une autre condition :** Client : «Oui, mais nous ne pouvons pas le faire pour cette autre raison.» Vous : «Si nous pouvions nous occuper de cette autre raison à votre entière satisfaction, l'accepteriez-vous ?»

Que faire si le client dit «oui» ?

Si le client répond positivement à votre proposition, félicitez-le et confirmez son engagement. Ensuite, précisez que vous devez vérifier la faisabilité de sa demande. Vous pouvez dire : «Laissez-moi voir ce que nous pouvons faire. Je reviens vers vous dès que j'ai des informations.»

Différence entre objection et condition

Il est important de distinguer une objection d'une condition. Une objection est une préoccupation du client qui le fait hésiter à acheter, tandis qu'une condition est une véritable raison pour laquelle la vente ne peut avoir lieu.

Par exemple :

- **Objection** : «Je ne peux pas me permettre votre offre.» (Le client n'a peut-être pas exploré les options de financement disponibles.)

- **Condition** : «Je ne peux pas me le permettre car mon entreprise vient de faire faillite.» (Le client n'a pas les moyens financiers pour acheter le produit, peu importe les options de financement.)

En conclusion, la technique du «si nous pouvons» est un outil précieux pour gérer les objections des clients et conclure des ventes. En reformulant les objections en question positives et en offrant des solutions alternatives, vous pouvez guider le client vers une décision d'achat et augmenter vos chances de réussite.

La fermeture du « laissez-moi réfléchir »

Gérer l'objection «Laissez-moi y réfléchir» et conclure la vente

Même face à un produit ou service attrayant et une présentation impeccable, les clients cherchent souvent à repousser la prise de décision d'achat. L'une des objections les plus fréquentes est : «Laissez-moi y réfléchir».

Que faire dans cette situation ?

Si vous avez correctement qualifié le client et que vous êtes convaincu qu'il peut bénéficier de votre offre, il y a de fortes chances qu'il achète s'il est guidé dans le processus de décision.

Voici comment procéder :

1. **Ne discutez pas :** Souriez, faites une pause et laissez le client se détendre. Dites : «C'est une bonne idée. C'est une décision importante.»

2. **Commencez à ranger vos affaires :** Cela montre au client que vous ne le forcez pas à acheter.

3. **Posez des questions ouvertes :** Lorsque le client est détendu, demandez : «Vous avez évidemment une bonne raison de vouloir y réfléchir. Ça vous dérange si je demande ce que c'est ? Est-ce le prix ?»

4. **Traitez l'objection du prix :** Si le prix est le problème, utilisez votre boîte à outils pour répondre aux objections et mettre en avant la valeur de votre offre.

5. **Posez des questions supplémentaires :** Si le prix n'est pas le problème, demandez : «Si ce n'est pas le prix, puis-je demander ce que c'est ?» Il est difficile de ne pas répondre à cette question.

6. **Écoutez attentivement :** Identifiez la dernière objection ou condition du client et assurez-vous qu'il reste détendu.

7. **Utilisez la technique du «si nous pouvons»** : Demandez : «Si nous pouvions gérer cela à votre entière satisfaction, seriez-vous prêt à aller de l'avant avec cette offre ?»

8. **Posez la question finale** : Si le client répond positivement, demandez : «Que faudrait-il pour vous satisfaire sur ce point ?»

9. **Attendez la réponse en silence** : C'est la seule pression que vous pouvez exercer.

10. **Concluez la vente** : Le client précisera généralement ce qu'il attend. Si vous pouvez le satisfaire, concluez la vente.

En suivant ces étapes, vous pouvez augmenter vos chances de surmonter l'objection «Laissez-moi y réfléchir» et de conclure des ventes plus facilement.

N'oubliez pas :

- Soyez patient et compréhensif.
- Écoutez attentivement les objections du client.
- Utilisez des questions ouvertes pour obtenir des informations.
- Proposez des solutions qui répondent aux besoins du client.
- N'abandonnez pas facilement.

Avec de la pratique et de la persévérance, vous deviendrez un expert de la gestion des objections et de la conclusion de ventes.

Ne jamais abandonner

L'importance de demander pour conclure la vente

Le mot clé pour conclure une vente est **«demander»**. Posez des questions qui amènent le client à prendre une décision d'achat. Demandez-lui s'il est prêt à passer à l'étape suivante ou à fixer un rendez-vous.

Soyez confiant, positif, gentil, courtois et professionnel dans votre approche. N'hésitez pas à demander, même avec un brin d'impatience.

Ne craignez pas le silence après une question. Laissez le client réfléchir et le guider vers la décision.

Au minimum, vous pouvez poser la question : «Que souhaitez-vous faire maintenant ?». Cette question simple peut souvent déboucher sur une vente.

Un exemple concret de réussite :

Un participant à un séminaire a augmenté ses ventes et ses revenus de 500% en un an en utilisant une technique simple. Face à toute réponse du client, positive ou négative, il terminait par la question : «Pourquoi ne pas le prendre ?».

Devant les objections des clients («Je n'en veux pas», «Je n'en ai pas besoin», etc.), il répondait positivement et avec enthousiasme : «C'est un bon produit à un bon prix, vous en tirerez de réels avantages. Pourquoi ne pas le prendre ?».

Le résultat ? Étonnamment, de nombreux clients réticents, voire négatifs, ont finalement acheté son produit ou service après cette question insistante.

Conclusion :

N'oubliez pas de demander ! C'est la clé pour conclure des ventes et augmenter votre chiffre d'affaires.

> **En résumé :**
>
> - Posez des questions.
> - Soyez confiant et positif.
> - Ne craignez pas le silence.
> - Insistez gentiment.
> - Ne vous découragez pas face aux objections.

Le courage est la clé

Le courage : la clé pour conclure des ventes

Développer des compétences de vente efficaces repose avant tout sur le **courage**. C'est en pratiquant et en persévérant que vous gagnerez en assurance et en audace, qualités indispensables pour réussir dans le domaine commercial.

La «présentation jetable» : un exercice précieux

Saisissez l'opportunité que représente la «présentation jetable» pour affûter vos techniques de vente et de clôture. Lorsqu'un prospect semble peu intéressé par votre produit ou service, ne considérez pas cette rencontre comme une perte de temps. Au contraire, utilisez-la comme un terrain d'entraînement.

Mettez toutes vos techniques en pratique :

- Découverte des besoins
- Réflexion aux objections
- Argumentation persuasive
- Techniques de clôture

N'hésitez pas à demander la vente de manière directe et répétée. Vous n'avez rien à perdre et pourriez même être surpris du résultat.

Persévérance et ténacité : des atouts majeurs

En persistant à poser des questions et à présenter votre offre, même lorsque le prospect semble réticent ou indifférent, vous augmentez vos chances de le convertir en client. N'abandonnez jamais avant d'avoir tout essayé.

> **En résumé :**
>
> - Le courage est la qualité essentielle pour réussir en vente.
> - La «présentation jetable» est une occasion unique de pratiquer et de s'améliorer.
> - Ne craignez pas de demander la vente et de persévérer face aux objections.

En cultivant votre courage et en appliquant ces conseils, vous progresserez à grands pas vers la maîtrise de l'art de la vente.

Pratique, pratique, pratique

L'apprentissage des techniques de vente : l'expérience terrain est essentielle

Maîtriser les techniques de vente, et notamment les techniques de clôture, ne se fait qu'en **les mettant en pratique en situation réelle**. Seuls de vrais prospects, ayant le pouvoir de décision d'achat, vous permettront de vous perfectionner.

Si les jeux de rôle et les entraînements avec vos proches peuvent être utiles, c'est bien en face d'un client potentiel que vous ancrerez durablement vos compétences.

Pourquoi la vente en situation réelle est-elle si bénéfique ?

- **Aucun risque de «recul»** : En vente, l'échec est une étape inévitable du processus d'apprentissage. Vous ne pouvez qu'améliorer vos performances.

- **Progression garantie** : Plus vous pratiquerez, en particulier l'exercice souvent redouté de demander la vente, plus vous gagnerez en calme, en confiance et en positivité, et donc en ventes réussies.

Alors, n'hésitez plus ! Lancez-vous et mettez vos compétences à l'épreuve.

> **En résumé :**
>
> - La pratique en situation réelle est indispensable pour maîtriser les techniques de vente.
> - Ne craignez pas l'échec, il fait partie du processus d'apprentissage.
> - Plus vous pratiquerez, plus vous progresserez et plus vous conclurez de ventes.

Osez aller vers le prospect et mettez vos talents à profit !

Saisir le moment idéal pour conclure la vente

Lorsqu'un client potentiel soulève des objections, il existe un moment précis où il devient plus facile de conclure la vente. En répondant patiemment et efficacement à ses objections, vous le guidez graduellement vers l'acceptation de votre offre.

Reconnaître le signal de faiblesse

Au fur et à mesure que vous traitez les objections, vous remarquerez que le client met de plus en plus de temps à en formuler de nouvelles. Des silences plus longs s'installent entre vos réponses et ses réactions. C'est le signe que ses objections s'amenuisent et que le moment de conclure est arrivé.

Mettre en place la technique de clôture du formulaire de commande

Profitez de ce silence pour passer à la clôture du formulaire de commande. Remplissez discrètement le formulaire ou posez au client une question sur un détail de la commande, comme la quantité, la livraison ou la date de lancement.

Si aucune objection majeure ne subsiste, le client, généralement soulagé de la phase d'objections, coopérera et finalisera la commande avec vous.

L'analogie du combat à l'épée

Imaginez la partie des objections comme un combat à l'épée. Au début, vous êtes tous deux pleins d'énergie, échangeant des objections et des réponses. Mais au fil du processus, le client s'épuise. Vous l'avez forcé à prendre l'offensive pour la première fois, tandis que vous vous êtes concentré sur la parade de ses attaques.

Réservez votre énergie et laissez le client s'épuiser. Lorsque son «épée» s'abaisse et qu'il est à bout de souffle, c'est le moment de conclure la vente et de savourer votre victoire.

En résumé :

- Soyez attentif aux silences après avoir répondu aux objections.
- Utilisez la technique de clôture du formulaire de commande.
- Imaginez le processus d'objection comme un combat à l'épée et conservez votre énergie.
- Saisissez le moment où le client est fatigué pour conclure la vente.

En appliquant ces conseils, vous augmenterez vos chances de conclure des ventes au moment opportun.

EXERCICES

Maintenant, voici les questions que vous pouvez poser et répondre pour appliquer ces idées à vos activités de vente :

- Quelles sont les trois principales raisons de stress à la fin de la conversation commerciale ?

- Quelles sont les trois choses que vous pouvez faire ou dire pour réduire le stress des acheteurs avant de passer la commande ?

- Quelles sont les trois façons dont vous pouvez établir des niveaux de confiance plus élevés dans la conversation de vente avant de tenter de conclure la vente ?

- Quelles sont les trois choses dont vous devez être sûr avant de demander la commande ?

- Quelles sont les trois meilleures techniques de clôture abordées dans ce chapitre pour votre produit ou service ?

- Quelles sont les deux « questions de confirmation » que vous devez poser avant de pouvoir conclure la vente ?

- Que dites-vous lorsque le client dit : « Je veux y réfléchir » ?

Enfin, quelle action allez-vous entreprendre immédiatement pour donner suite à ce que vous avez appris dans ce chapitre ?

CHAPITRE 11

OBTENIR DES REVENTES ET DES RÉFÉRENCES

L'importance de fidéliser ses clients dans un contexte d'acquisition coûteuse

Acquérir un nouveau client peut s'avérer onéreux, en particulier dans des domaines tels que la vente BtoB, l'immobilier, les assurances ou les produits de haute technologie. Les dépenses en temps, déplacements, publicité, génération de leads, présentations, propositions et préparation peuvent atteindre des centaines, voire des milliers de dollars par client.

Ne pas fidéliser ses clients peut mettre une entreprise en danger, car elle devra constamment en acquérir de nouveaux pour maintenir son activité.

La fidélisation est d'autant plus importante aujourd'hui que nous vivons dans une «nation de la recommandation»: le bouche-à-oreille joue un rôle crucial dans le succès d'une entreprise. Les clients satisfaits sont vos meilleurs ambassadeurs et peuvent vous générer de nouveaux clients à moindre coût.

C'est pourquoi les meilleurs vendeurs et les meilleures entreprises mettent l'accent sur la fidélisation de leurs clients en développant des relations durables et en les plaçant au cœur de leur stratégie.

Votre objectif doit être de constituer une clientèle solide de clients fidèles qui achètent régulièrement chez vous. Pour y parvenir, vous devez devenir un **«conseiller de confiance»** pour vos clients, en leur apportant une valeur ajoutée et en répondant à leurs besoins de manière proactive.

En adoptant cette approche dès le premier contact avec un client potentiel, vous augmentez vos chances de le fidéliser et de le transformer en un client à vie pour votre entreprise

En résumé :

- Acquérir de nouveaux clients est coûteux, il est donc essentiel de les fidéliser.
- La fidélisation est d'autant plus importante dans une «nation de la recommandation».
- Devenez un «conseiller de confiance» pour vos clients afin de les fidéliser.
- Ayez pour objectif de créer des relations durables avec vos clients.
- Adoptez une approche centrée sur le client dès le premier contact.

En suivant ces conseils, vous améliorerez la rentabilité de votre entreprise et construirez un succès durable.

Plus difficile à vendre

Vendre dans un marché en ralentissement : les défis et les solutions

Vendre aujourd'hui est plus ardu qu'auparavant, en particulier dans un contexte économique en berne. Les clients, plus prudents et regardants, ont tendance à différer leurs achats et à comparer minutieusement les offres avant de prendre une décision.

Plusieurs facteurs expliquent cette complexité accrue de la vente :

- **Des clients mieux informés et plus exigeants :** Ils ont accès à une multitude d'informations sur les produits et services, connaissent leurs besoins spécifiques et attendent un niveau élevé de qualité, de service et de valeur.

- **Une concurrence omniprésente :** Les clients sont constamment sollicités par vos concurrents, physiques et digitaux, qui proposent des solutions similaires, voire meilleures ou moins coûteuses.

- **Un éventail de choix élargi :** Les clients ont le pouvoir de choisir entre plusieurs options, y compris celle de ne rien acheter pour le moment. Ils ne ressentent aucune urgence particulière à prendre une décision.

- **Impatience croissante :** Les clients exigent une satisfaction immédiate et n'hésitent pas à se tourner vers la concurrence si leurs besoins ne sont pas satisfaits rapidement.

Ces défis se traduisent par des cycles de vente plus longs et plus complexes :

- **Plus d'appels sont nécessaires** pour identifier et qualifier les prospects potentiels.

- **Des relances répétées** sont souvent indispensables pour concrétiser les ventes.

- **Les clients posent de nombreuses questions** et demandent des informations détaillées avant de s'engager.

Face à ces obstacles, les entreprises doivent adapter leurs stratégies de vente :

- **Développer une expertise approfondie** de leurs produits, services et du marché pour répondre aux questions pointues des clients.

- **Offrir une valeur ajoutée** qui se différencie de la concurrence et justifie le prix du produit ou service.

- **Mettre en place un processus de vente fluide** et efficace qui guide le client vers la décision d'achat.

- **Assurer un service client irréprochable** pour fidéliser les clients et les inciter à recommander l'entreprise.

En relevant ces défis et en adaptant leurs approches, les entreprises peuvent prospérer même dans un marché en ralentissement.

En résumé :

- Les clients sont plus informés, exigeants et disposent de plus de choix.
- La concurrence est plus féroce que jamais.
- Les cycles de vente sont plus longs et plus complexes.
- Les entreprises doivent adapter leurs stratégies de vente pour réussir.

La deuxième vente

La fidélisation client : la clé du succès commercial

Selon Peter Drucker, le but d'une entreprise n'est pas simplement de générer du profit, mais de «créer et fidéliser un client». En effet, le profit n'est que la conséquence d'une création de valeur et d'une fidélisation client réussies. Les entreprises et entrepreneurs performants concentrent leurs efforts sur la satisfaction de leurs clients, en se demandant constamment : «Comment pouvons-nous surpasser nos concurrents pour plaire et fidéliser nos clients ?».

Acquérir un nouveau client est l'étape la plus difficile et la plus coûteuse du processus de vente. Les coûts d'acquisition, en termes de temps, d'argent et d'énergie, peuvent être considérables. De nombreuses entreprises échouent car leur coût d'acquisition de clients dépasse le bénéfice net généré par une vente.

C'est pourquoi la deuxième vente est cruciale. Elle permet de confirmer que vous avez tenu les promesses faites lors de la première vente et que le client est satisfait de votre produit ou service. **Les reventes sont jusqu'à dix fois plus faciles que les ventes neuves**, car elles ne nécessitent qu'une fraction du temps et des efforts requis pour conquérir un nouveau client.

En plus d'être plus faciles et moins coûteuses, les reventes génèrent des bénéfices plus importants. Un client satisfait est plus susceptible d'acheter à nouveau et de recommander vos produits ou services à son entourage. **Les références de clients satisfaits sont quinze fois plus faciles à convertir que les appels à froid.**

C'est pourquoi les entreprises et les vendeurs performants s'efforcent de générer un flux continu de reventes et de recommandations. En fidélisant vos clients, vous réduisez vos coûts d'acquisition, augmentez vos profits et assurez la pérennité de votre entreprise.

> **En résumé :**
>
> - La fidélisation client est la clé du succès commercial.
> - Les reventes sont plus faciles, moins coûteuses et plus rentables que les ventes neuves.
> - Les références de clients satisfaits sont des opportunités de vente inestimables.
> - Concentrez-vous sur la satisfaction de vos clients dès la première interaction pour les fidéliser et générer des reventes.

Développer des défenseurs des clients

Le pouvoir incontesté du bouche-à-oreille : le secret d'une vente réussie

Sur le marché actuel, le bouche-à-oreille est l'outil marketing et commercial le plus puissant. En effet, **85% des décisions d'achat sont influencées par les recommandations d'autrui**. Les êtres humains sont naturellement enclins à accorder du crédit aux opinions de leurs proches, amis, admirés et respectés.

C'est pourquoi le marketing d'influence est si efficace. Michael Jordan, par exemple, touchait 15 millions de dollars par an pour porter des «Air Jordan» lors de ses matchs. La simple association de son image à ces chaussures en a fait un succès commercial fulgurant, car les consommateurs lui accordent une confiance aveugle.

Le bouche-à-oreille fonctionne de la même manière dans votre entourage. Si un ami vous vante les mérites d'un produit ou d'un service après en avoir testé les avantages, vous serez fortement tenté de l'essayer à votre tour. Il en va de même pour un film, un restaurant ou une application mobile : la recommandation d'un proche a un pouvoir de persuasion indéniable.

C'est pourquoi votre objectif ultime en tant que vendeur devrait être de transformer vos clients en ambassadeurs de votre marque. Le «plaidoyer client» consiste à offrir une expérience tellement exceptionnelle à vos clients qu'ils deviennent naturellement enclins à recommander vos produits ou services à leur entourage.

Pour atteindre cet objectif, il est essentiel de combiner un produit d'excellente qualité avec un service client irréprochable. Les études PIMS (Profit Impact of Marketing Strategy) ont démontré que la fidélité des clients repose sur deux piliers fondamentaux : la qualité du produit lui-même et la qualité des services associés à sa livraison et à son utilisation post-achat.

En résumé :

- Le bouche-à-oreille est l'outil marketing le plus puissant.
- Les gens font confiance aux recommandations de leurs proches.
- Transformez vos clients en ambassadeurs de votre marque.
- Offrez un produit d'excellente qualité et un service client irréprochable.
- La combinaison produit + service = fidélité client.

En appliquant ces principes, vous décuplerez l'efficacité de vos actions commerciales et bâtirez une entreprise prospère sur la base de la confiance et de la recommandation.

Servez vos clients rapidement

La rapidité : un atout crucial pour un service client d'excellence

Dans le monde actuel, la rapidité est devenue une attente fondamentale des clients, tous niveaux confondus. Cette notion de «besoin de rapidité» s'explique par l'effet de halo : lorsqu'une entreprise excelle dans un domaine, comme la rapidité, les clients ont tendance à lui attribuer d'autres qualités positives.

La rapidité peut ainsi devenir un avantage concurrentiel décisif. En effet, les clients ont tendance à associer une entreprise réactive à des produits de meilleure qualité, un personnel plus compétent et un service globalement supérieur. Ils sont même prêts à payer plus cher pour une telle expérience.

C'est pourquoi une réponse rapide aux plaintes des clients est essentielle à la réussite d'une entreprise. Des études ont montré que la rapidité de résolution d'une plainte détermine en grande partie l'avenir de la relation client. Un client dont la réclamation est traitée rapidement et efficacement sera non seulement plus fidèle, mais également plus enclin à recommander l'entreprise à son entourage.

Face à la complexité croissante des produits et services, il est inévitable que des problèmes et des insatisfactions surviennent. C'est normal et naturel. Le seul élément sous votre contrôle est la rapidité avec laquelle vous réagissez à ces situations. En traitant les réclamations rapidement et efficacement, vous contribuez à la satisfaction de vos clients, et donc à leur fidélisation et à leur recommandation.

> **En résumé :**
>
> - La rapidité est une attente fondamentale des clients d'aujourd'hui.
> - Une entreprise réactive est perçue comme plus compétente et fiable.
> - Une réponse rapide aux plaintes est essentielle pour fidéliser les clients.
> - Des clients satisfaits sont des clients fidèles et de précieux ambassadeurs de votre marque.

En faisant de la rapidité une priorité absolue, vous améliorerez considérablement la qualité de votre service client et contribuerez ainsi au succès de votre entreprise.

Suivi régulier et contact client

L'importance d'un suivi client irréprochable pour fidéliser et augmenter vos ventes

Après avoir effectué une vente, il est crucial de maintenir un contact régulier avec vos clients et d'assurer un suivi attentif. Des gestes simples tels que des cartes de remerciement, des e-mails de suivi, des appels téléphoniques pour vérifier leur satisfaction et des visites régulières contribuent à leur faire sentir valorisés, importants et appréciés.

Ces actions renforcent leur estime de soi et leur satisfaction. En effet, en faisant délibérément des choses qui les confortent dans leur choix d'avoir acheté chez vous plutôt que chez un concurrent, vous créez un lien solide et durable avec eux.

Cela se traduit par une plus grande fidélité, un dévouement accru envers votre entreprise et une forte propension à vous recommander à leur entourage.

Une recommandation efficace que nous conseillons à nos clients est d'effectuer un rappel annuel auprès de tous les clients des 12 à 24 derniers mois. Posez-leur simplement la question suivante : «Pouvons-nous vous aider ou vous servir d'une manière ou d'une autre aujourd'hui ? Avez-vous rencontré des problèmes ou des soucis concernant le produit ou le service que nous vous avons fourni l'année dernière ?»

Les retours générés par ce type de démarche sont souvent surprenants et riches d'enseignements. Les réactions positives peuvent être exploitées pour engager de nouvelles conversations commerciales et générer des ventes supplémentaires. Les commentaires négatifs, quant à eux, constituent des opportunités précieuses de rectifier le tir, de satisfaire le client et de renforcer ainsi sa fidélité.

La formulation des questions est essentielle dans le cadre du service client. Évitez de poser des questions trop générales comme «Comment allez-vous ?», car la réponse «Bien» masque souvent une insatisfaction latente que le client ne souhaite pas exprimer. Ce type de réponse indique généralement que le client envisage de se tourner vers la concurrence une fois son engagement actuel terminé.

Préférez formuler des questions ouvertes et incitatives telles que «Comment pouvons-nous améliorer nos services la prochaine fois ?»

Les mots-clés «la prochaine fois» sont magiques. En effet, en demandant aux clients comment vous pouvez mieux les servir à l'avenir, vous les encouragez à exprimer leurs suggestions et leurs préoccupations.

Ces précieuses informations vous permettent d'identifier les points d'amélioration et de prendre des mesures correctives. En agissant promptement pour résoudre les problèmes soulevés, vous fidélisez vos clients à un niveau encore plus élevé.

> **En résumé :**
>
> - Effectuez un suivi client régulier et proactif.
> - Montrez à vos clients qu'ils sont appréciés et importants.
> - Posez des questions ouvertes pour identifier les points d'amélioration.
> - Agissez promptement pour résoudre les problèmes des clients.
> - Transformez les commentaires négatifs en opportunités de fidélisation.

En appliquant ces principes, vous développez des relations durables avec vos clients, augmentez leur satisfaction et boostez vos ventes.

Par référence uniquement

Le Saint Graal du service client : les ventes par recommandation

L'indicateur ultime du succès d'un service client réside dans la proportion de l'activité générée par les ventes répétées et les recommandations. Les entreprises les plus performantes visent à long terme à fonctionner «uniquement par recommandation». Elles s'efforcent de prendre soin de leurs clients avec une telle attention que, non seulement elles les fidélisent à vie, mais elles incitent également leur entourage à acheter chez elles.

Imaginez un scénario où la prospection devient impossible. Plus de démarchage, plus de recherche de nouveaux clients. Vous devez générer toutes vos nouvelles affaires à partir de recommandations. Cela implique de recontacter vos anciens clients, de leur offrir un service irréprochable et d'obtenir de leur part des références vers de nouveaux clients potentiels.

Un exemple concret : l'un de mes clients connaissait un grand succès commercial dans une conjoncture économique favorable. Les vendeurs étaient fortement motivés à conclure des ventes, mais peu à assurer un suivi après-vente rigoureux. Une fois la vente réalisée, le client était laissé à la charge de l'entreprise.

Malgré un volume de ventes élevé, les plaintes clients se multipliaient. Le manque de suivi de la part des vendeurs, qui avaient souvent fait des promesses irréalistes, entraînait une déception croissante des clients. Ceux-ci refusaient de renouveler leurs achats ou de recommander l'entreprise à leur entourage, certains allant même jusqu'à annuler leurs commandes et se tourner vers la concurrence.

Face à cette situation alarmante, la direction de l'entreprise a pris conscience de la faille dans son système de motivation. Les vendeurs étaient récompensés pour les ventes réalisées, mais aucun incitatif n'était prévu pour assurer un suivi client de qualité. Une décision radicale a été prise : à partir du 1er janvier, toutes les activités de prospection et de développement commercial étaient suspendues.

La nouvelle stratégie : chaque vendeur devait recontacter tous les clients des deux dernières années, s'assurer de leur satisfaction et obtenir des recommandations. De nombreux vendeurs ont accueilli cette mesure avec colère, habitués à leurs primes liées à l'acquisition de nouveaux clients. Certains ont même menacé de démissionner.

Malgré les réticences, les vendeurs restants se sont engagés dans cette nouvelle approche. Ils ont rendu visite à chaque client précédent, examinant minutieusement chaque détail de l'installation du produit ou du service, et s'assurant de leur entière satisfaction.

Face à la moindre plainte ou préoccupation, les vendeurs réagissaient promptement et efficacement.

A la fin de chaque visite, une question cruciale était posée : «Connaissez-vous quelqu'un d'autre qui pourrait être intéressé par nos produits et services ?»

Le résultat a dépassé toutes les attentes. Les clients se sont révélés être une véritable mine d'or de recommandations. Chacun d'entre eux connaissait plusieurs entreprises ou clients potentiels dans des situations similaires qui pourraient bénéficier des produits et services de l'entreprise. Les vendeurs ont découvert qu'il y avait bien plus d'opportunités commerciales dans le réseau de leurs clients existants qu'ils ne l'auraient jamais imaginé.

L'année suivante, en se concentrant uniquement sur le rappel et la satisfaction des clients existants, l'entreprise a récolté une manne de recommandations et de ventes par bouche-à-oreille. Les ventes moyennes ont bondi de 34%, et les vendeurs ont gagné plus d'argent que jamais auparavant.

En résumé :

- Le service client irréprochable est la clé de la fidélisation et des recommandations.
- Les clients satisfaits sont vos meilleurs ambassadeurs.
- Les recommandations génèrent de nouvelles affaires à moindre coût.
- Mettez en place un système de motivation qui récompense le suivi client et la fidélisation.
- Transformez vos clients en une force de vente redoutable.

En adoptant cette approche centrée sur le client, vous pouvez atteindre un succès commercial durable et rentable.

Traitez-les comme si vous pouviez les perdre

Prospection impossible ? Exploitez le potentiel caché de vos clients existants !

Imaginez un scénario où la prospection devient hors de question. Comment développeriez-vous votre entreprise dans ce contexte ? La réponse réside dans l'exploitation du formidable potentiel caché au sein de votre clientèle actuelle.

Commencez par adopter une nouvelle mentalité. Traitez chaque client, chaque jour, comme s'il était sur le point de basculer vers la concurrence. Imaginez-le en train d'évaluer une proposition d'un de vos rivaux, prêt à vous quitter définitivement. Dans cette perspective, comment optimiseriez-vous votre service client pour le retenir ?

Un exemple concret : il y a quelques années, j'ai tissé des liens étroits avec une entreprise de Chicago. Au fil du temps, j'ai intégré des escales régulières dans cette ville pour leur rendre visite, passant parfois plusieurs heures avec leurs cadres supérieurs. Nous dînions ensemble, je leur proposais des idées et des conseils pour améliorer leur activité grâce à mes produits et services.

Les résultats ont été spectaculaires. Au fil des années, cette entreprise a considérablement augmenté le volume de ses commandes auprès de nous. Mes concurrents, verts de jalousie, me questionnaient sans cesse sur la recette de mon succès. Longtemps, je suis resté perplexe face à leur insistance. Puis, lors d'un dîner avec mes clients, ils m'ont donné la clé : «Si nous vous confions tant de commandes, c'est parce que vous êtes le seul de nos fournisseurs à nous rendre visite régulièrement. Vous venez presque tous les mois, même si cela implique un vol pour Chicago. Cette fréquence de contact crée une relation de confiance privilégiée qui nous incite à vous privilégier par rapport à vos concurrents.»

Ce témoignage illustre parfaitement le pouvoir du service client exceptionnel. En allant au-delà des attentes et en tissant des liens solides avec vos clients, vous les transformez en ambassadeurs fidèles, prêts à vous recommander et à vous confier la majorité de leurs affaires.

En résumé :

- Ne négligez jamais vos clients existants.
- Offrez un service client irréprochable et proactif.
- Développez des relations humaines authentiques.
- Soyez présent et disponible pour vos clients.
- Faites de vos clients vos meilleurs alliés pour conquérir de nouvelles parts de marché.

En appliquant ces principes, vous transformez votre clientèle existante en une source inestimable de croissance et de prospérité.

Fidéliser vos clients : la clé du succès commercial

Votre mission principale consiste à acquérir de nouveaux clients et à les fidéliser sur le long terme. En effet, conserver un client est bien plus rentable que d'en conquérir un nouveau. C'est pourquoi il est crucial de comprendre les facteurs qui contribuent à la défection des clients et de mettre en œuvre des stratégies pour les éviter.

L'une des principales causes de perte de clients est le manque d'attention de la part des vendeurs. Après avoir réalisé une vente, certains vendeurs ont tendance à se désintéresser complètement du client, le laissant à la merci de l'entreprise pour le service après-vente.

Cette attitude négligente crée un sentiment de frustration et d'abandon chez le client, le poussant à se tourner vers des concurrents plus attentifs.

Un autre facteur déterminant est l'indifférence affichée par certains membres de l'entreprise. Lorsqu'un client contacte le service client pour une question ou un problème, il est essentiel qu'il soit accueilli par une personne compétente et empathique. Si l'interlocuteur ne montre aucun intérêt réel pour sa situation, le client se sentira dévalorisé et négligé. Cette expérience négative risque de le dissuader de continuer à faire affaire avec l'entreprise.

N'oubliez jamais que les clients sont des êtres émotionnels. Leurs décisions d'achat sont souvent influencées par les sentiments qu'ils éprouvent lors de leurs interactions avec l'entreprise. En offrant un service client irréprochable, marqué par l'attention, l'empathie et le professionnalisme, vous créez une expérience positive qui fidélise vos clients et renforce leur attachement à votre marque.

> **En résumé :**
>
> - Accordez une attention particulière à vos clients après la vente.
> - Formez votre personnel du service client à l'écoute active et à l'empathie.
> - Faites en sorte que chaque interaction avec votre entreprise soit positive et mémorable.
> - Fidélisez vos clients et vous récolterez les fruits d'une croissance durable et rentable.

En investissant dans la satisfaction de vos clients, vous investissez dans l'avenir de votre entreprise.

Répondez rapidement aux questions des clients

L'importance d'une réactivité irréprochable face aux demandes des clients

Nous avons déjà évoqué l'importance de la rapidité dans le service client. Un autre facteur crucial de fidélisation réside dans la réactivité aux demandes de renseignements et aux questions des clients. Si un client contacte votre entreprise et ne reçoit pas de réponse rapide, il risque de se sentir frustré et irrité.

Imaginez la situation : un client vous contacte pour une question ou un problème urgent. Il ressent une certaine «douleur» qu'il espère que votre entreprise soulagera. Il n'appelle pas pour passer le temps, mais parce qu'il a un besoin réel et compte sur vous pour le résoudre. Si votre entreprise tarde à le rappeler ou à prendre des mesures pour résoudre son problème, cette «douleur» s'intensifie et peut le pousser à se tourner vers un concurrent.

Ce manque de réactivité est particulièrement fréquent lorsqu'il s'agit de plaintes. Le client rencontre un problème, une promesse non tenue, un dysfonctionnement du produit ou du service. Il contacte votre entreprise pour exprimer son mécontentement, mais personne ne répond ou ne propose de solution.

Un exemple concret : il y a quelques années, j'animais une série de séminaires de leadership pour IBM. L'un des lieux de séminaire a été modifié à la dernière minute, sans que je reçoive l'adresse exacte de l'établissement. La veille de mon départ pour Toronto, je contacte l'entreprise en urgence pour obtenir l'information nécessaire.

Malgré une heure tardive (20h30 heure de Toronto), l'employé qui a répondu au téléphone a fait preuve d'un professionnalisme exemplaire. Il a pris en charge mon problème, a contacté l'organisateur du séminaire, a obtenu l'adresse et me l'a communiquée dans les minutes qui ont suivi. Je l'ai remercié chaleureusement et lui ai demandé comment il était possible qu'il travaille à une heure aussi tardive.

Sa réponse m'a marqué à jamais : «Bien sûr, je travaille tard. Je suis le concierge et je nettoie les bureaux.» Surpris, je lui ai demandé pourquoi il se donnait tant de peine pour moi, étant donné son poste. Sa réponse a été simple et pleine de sens : «Chez IBM, celui qui répond au téléphone est responsable du problème.»

Cette phrase résume parfaitement l'état d'esprit d'une entreprise et d'un individu exceptionnels. Elle met en avant l'importance de la prise en charge immédiate des problèmes des clients, de l'écoute active et de la recherche de solutions rapides et efficaces.

> **En résumé :**
>
> - Répondez rapidement aux demandes de renseignements et aux questions des clients.
> - Prenez en charge les plaintes avec diligence et professionnalisme.
> - «Celui qui répond au téléphone est responsable du problème.»
> - Une réactivité exemplaire fidélise les clients et renforce l'image de votre entreprise.
> - Ne laissez jamais un client dans l'attente ou sans solution.

En adoptant une culture de la réactivité irréprochable, vous gagnerez la confiance et la fidélité de vos clients, et contribuerez ainsi au succès durable de votre entreprise.

La question ultime

Créer une chaîne infinie de clients satisfaits et enthousiastes

L'objectif ultime d'une entreprise prospère est de transformer chaque client en un ambassadeur fidèle. En les choyant au-delà de leurs attentes, vous créez une relation si solide qu'ils ne songeraient jamais à acheter ailleurs, même face à des prix inférieurs ou des offres plus alléchantes.

Comment y parvenir ? En prenant soin de vos clients de manière exceptionnelle, en leur offrant une expérience si positive qu'ils ressentent le besoin de la partager avec leur entourage. En les incitant à recommander vos produits ou services à leurs amis, collègues et à tous ceux qui pourraient en bénéficier.

Fred Reichheld, de Bain & Company, résume cette stratégie dans son livre «The Ultimate Question». Après des années d'études approfondies sur le service client, il a identifié une question cruciale qui permet de mesurer la satisfaction des clients et de prédire leur comportement futur : «Sur une échelle de 1 à 10, recommanderiez-vous notre entreprise à vos proches ?»

L'analyse des réponses à cette question a révélé une vérité fondamentale. Les clients qui attribuent une note de 9 ou 10 représentent 85% des opportunités de reventes et de nouvelles affaires. A l'inverse, ceux qui donnent des notes inférieures sont de moins en moins susceptibles de renouveler leurs achats, et les clients les plus mécontents, appelés «détracteurs», peuvent même nuire à votre réputation en dissuadant d'autres personnes d'acheter chez vous.

Obtenir une recommandation d'un client satisfait représente le niveau ultime de satisfaction client. C'est la preuve qu'il a confiance en vous, en vos produits et en vos services, au point de mettre en jeu sa propre crédibilité pour vous recommander.

En intégrant cette question dans vos interactions avec les clients, vous améliorez considérablement votre service client et boostez le nombre de recommandations. Posez-la systématiquement après chaque interaction, que ce soit une vente, une livraison, une assistance technique ou tout autre point de contact.

Si un client vous donne une note inférieure à 9 ou 10, ne vous contentez pas d'un simple merci. Remerciez-le pour son retour et demandez-lui : «Que pouvons-nous faire pour obtenir une note de 10 la prochaine fois ?»

Vous serez surpris de constater à quel point vos clients sont prêts à vous aider à vous améliorer. Ils vous indiqueront précisément ce qu'il faut faire pour les satisfaire pleinement et vous fidéliser. Écoutez attentivement leurs suggestions et mettez-les en œuvre immédiatement.

Dans la plupart des cas, les demandes des clients sont simples et peu coûteuses à réaliser. Il peut s'agir d'un service client plus rapide, d'une meilleure communication ou d'une résolution plus efficace des problèmes. En répondant à leurs attentes, vous renforcez leur loyauté et leur attachement à votre entreprise.

N'oubliez pas : vos clients sont vos meilleurs alliés pour votre réussite. En leur offrant une expérience exceptionnelle et en leur demandant leur avis, vous créez une chaîne infinie de clients satisfaits et enthousiastes qui contribuent à votre croissance et à votre prospérité.**

En résumé :

- Posez la question ultime à chaque client : «Sur une échelle de 1 à 10, recommanderiez-vous notre entreprise à vos proches ?»
- Analysez les réponses et identifiez les points d'amélioration.
- Demandez aux clients insatisfaits ce que vous pouvez faire pour obtenir une note de 10.
- Mettez en œuvre leurs suggestions et démontrez votre engagement à les satisfaire.
- Transformez vos clients en ambassadeurs enthousiastes qui vous recommanderont à leur entourage.

En adoptant cette approche centrée sur le client, vous bâtissez une entreprise solide et durable, alimentée par la satisfaction et la fidélité de vos clients.

La stratégie de vente relationnelle

Fidéliser vos clients : les clés du succès durable

Pour garantir des ventes répétées et des recommandations enthousiastes, il est essentiel de cultiver des relations solides et basées sur la confiance dès le premier contact avec le client. Adoptez une approche consultative, posez des questions pertinentes, écoutez attentivement leurs réponses et démontrez votre expertise dans la résolution de leurs besoins et problèmes. Prenez le temps de comprendre leurs attentes et aspirations afin de devenir un partenaire de confiance indispensable.

Avant même de rencontrer un nouveau client, élaborez une stratégie de fidélisation. Définissez des actions concrètes que vous mettrez en œuvre dès la première vente pour garantir leur satisfaction et leur enthousiasme. N'oubliez pas que les ventes par recommandation sont bien plus rentables que l'acquisition de nouveaux clients par le biais de prospection classique.

Offrez un service client exceptionnel qui surpasse les attentes. Demandez régulièrement à vos clients comment vous pouvez améliorer vos services et prenez leurs suggestions au sérieux. Répondez toujours à leurs préoccupations avec promptitude et efficacité. En promettant et en fournissant des solutions rapides, vous renforcez la confiance et la fidélité.

Développez une stratégie de vente et de service client holistique qui favorise la rétention des clients à long terme. C'est la pierre angulaire d'une carrière commerciale florissante et d'une entreprise prospère.

La Règle d'or est un principe fondamental pour réussir dans tous les domaines de la vie, y compris la vente et le service client. Traitez vos clients avec le même respect et la même attention que vous souhaiteriez recevoir en tant que client. Cette approche simple mais puissante favorise la confiance, la loyauté et des relations durables.

Mettre en œuvre cette approche centrée sur le client nécessite une planification minutieuse, une communication efficace, une coordination entre les équipes et une formation adéquate pour tous ceux qui interagissent avec les clients. Récompensez et reconnaissez les efforts déployés pour assurer la satisfaction des clients. Les entreprises qui excellent dans ce domaine se distinguent par leur service client exceptionnel.

Le chapitre 4 de ce texte fournit des étapes détaillées pour établir des relations durables avec vos clients, en tenant compte des aspects clés de la psychologie d'achat et des stratégies de fidélisation post-vente.

En résumé :

- Établissez des relations de confiance dès le premier contact.
- Développez une stratégie de fidélisation proactive.
- Offrez un service client exceptionnel qui dépasse les attentes.
- Appliquez la Règle d'or dans toutes vos interactions avec les clients.
- Implémentez une approche holistique de la vente et du service client.
- Formez et récompensez vos équipes pour l'excellence du service client.

En adoptant ces principes fondamentaux, vous bâtissez une entreprise prospère alimentée par la satisfaction et la fidélité de vos clients.

Adaptez votre approche de vente aux préférences de chaque client

La clé du succès en vente réside dans la compréhension des préférences individuelles de chaque client. En effet, les gens ont des modes de communication, de prise de décision et de persuasion distincts. Prendre le temps de cerner si votre interlocuteur est plutôt analytique ou émotionnel vous permettra d'adapter votre approche et de maximiser vos chances de réussite.

Les acheteurs émotionnels sont sensibles à l'enthousiasme, à la conviction et à l'énergie dégagée par le vendeur. Ils seront davantage attirés par une présentation passionnée et des anecdotes illustrant les bénéfices du produit ou service.

A contrario, les acheteurs analytiques privilégient les faits concrets, les données chiffrées et les témoignages tangibles. Il est crucial de leur fournir des preuves empiriques et des arguments logiques pour les convaincre.

Soyez flexible et adaptez votre discours en fonction des signaux envoyés par votre client. Prêtez attention à ses questions, ses commentaires et son langage corporel pour identifier son mode de fonctionnement. En ajustant votre approche, vous serez en mesure de présenter des arguments convaincants qui résonneront auprès de lui.

Transformez vos clients en ambassadeurs de votre marque

Lorsque vous dépassez les attentes de vos clients et leur offrez une expérience exceptionnelle, vous augmentez considérablement les chances qu'ils vous recommandent à leur entourage. En réalité, les clients satisfaits sont vos meilleurs alliés pour générer de nouvelles affaires.

Plutôt que d'attendre passivement des recommandations, prenez l'initiative de rediriger des opportunités commerciales vers vos plus gros comptes. Identifiez les besoins spécifiques de vos clients les plus fidèles et proposez-leur de collaborer avec d'autres entreprises de votre réseau pour les satisfaire pleinement.

En agissant ainsi, vous alimentez la «banque de la réciprocité». Les affaires que vous confiez à vos partenaires se traduiront par des recommandations et des opportunités de collaboration en retour, contribuant ainsi à la croissance de votre entreprise.

En résumé :

- Adaptez votre approche de vente en fonction du profil de votre client (analytique ou émotionnel).
- Faites preuve d'écoute active et ajustez votre discours pour répondre à ses besoins spécifiques.
- Dépassez les attentes de vos clients et transformez-les en ambassadeurs enthousiastes de votre marque.
- Proposez des collaborations stratégiques avec vos plus gros comptes pour générer de nouvelles opportunités.
- Nourrissez la «banque de la réciprocité» pour récolter les fruits d'une croissance durable.

EXERCICES

Voici maintenant quelques exercices et questions que vous pouvez poser et répondre pour obtenir plus de reventes et de références.

- Énumérez trois actions que vous pouvez entreprendre avec chaque client pour augmenter la probabilité qu'il achète à nouveau chez vous.

- Pourquoi les deuxième et troisième ventes sont-elles plus importantes que la première vente ?

- Pourquoi la revente et le référencement sont-ils plus faciles et plus rentables que la prospection et le développement de nouveaux clients ?

- Pourquoi le bouche à oreille est-il si important dans les ventes aujourd'hui ?

- Comment pouvez-vous augmenter le montant des affaires que vous obtenez grâce aux références ?

- Quelles sont les trois raisons des défections des clients ?

- Comment pouvez-vous si bien servir vos clients qu'ils achètent chez vous encore et encore ?

Enfin, quelle action allez-vous entreprendre immédiatement à la suite de ce que vous avez appris dans ce chapitre ?

CHAPITRE 12

GESTION DU TEMPS POUR LES PROFESSIONNELS DE LA VENTE

Le secret du succès : se concentrer sur les activités à forte valeur ajoutée

Des décennies de recherche et d'investissements massifs ont permis de lever le voile sur le facteur clé du succès en vente et dans de nombreux autres domaines. La réponse est simple : les individus hautement rémunérés consacrent davantage de temps à des activités de grande valeur, tandis que ceux moins bien payés se dispersent dans des tâches de moindre importance.

Les vendeurs qui exploitent chaque minute de leur journée pour se focaliser sur des actions à forte valeur ajoutée se hissent au sommet de leur profession, générant un volume de ventes et de revenus conséquents. A contrario, ceux qui s'égarent dans des activités peu productives peinent à concrétiser des résultats significatifs, même s'ils représentent des entreprises de qualité proposant des produits excellents sur des marchés porteurs.

Ce chapitre final vous guidera dans l'application concrète des principes clés de cet ouvrage, vous permettant d'atteindre un niveau de performance supérieur et de concrétiser des résultats que vous pensiez hors de portée.

En résumé :

- Concentrez vos efforts sur les activités qui génèrent le plus de valeur.
- Éliminez les tâches chronophages et peu productives.
- Adoptez une approche disciplinée et rigoureuse dans la gestion de votre temps.
- Tirez parti des outils et des stratégies présentées dans ce livre pour optimiser votre efficacité.

En appliquant ces principes avec détermination, vous vous positionnerez parmi les meilleurs de votre domaine et récolterez les fruits d'un succès fulgurant.

Concentrez-vous sur les clients de grande valeur

Le principe de Pareto : la clé d'une gestion du temps efficace en vente

Le principe de Pareto, également connu sous le nom de règle des 80/20, constitue le concept de gestion du temps le plus important jamais découvert, notamment dans le domaine de la vente professionnelle. Il s'agit d'un principe fondamental qui doit être appliqué quotidiennement dans toutes vos activités, servant de base à l'organisation de votre temps.

La règle des 80/20 stipule que 80 % de la valeur de votre travail proviennent de seulement 20 % de vos efforts. En d'autres termes, 20 % de vos prospects deviendront 80 % de vos clients, 20 % de vos clients généreront 80 % de vos ventes, et 20 % de vos clients seront responsables de 80 % de vos reventes et recommandations. Cette répartition 80/20 se retrouve dans tous les domaines de la vente.

Au lieu de courir après chaque prospect comme un chien après une voiture qui passe, il est crucial de segmenter vos clients et prospects en fonction de leur valeur ou de leur potentiel.

- **Clients ou prospects «A» de grande valeur:** Ils ont la capacité d'acheter des quantités importantes, de racheter et de vous recommander à d'autres clients potentiels.

- **Clients ou prospects «B» de valeur moyenne:** Il est important de les contacter, mais uniquement après avoir épuisé vos opportunités auprès des clients «A».

- **Clients ou prospects «C» de faible valeur:** Même s›ils achètent, leurs achats seront limités et ponctuels. Leur potentiel de recommandation est également faible.

Il est surprenant de constater que de nombreux vendeurs (y compris moi-même à mes débuts) consacrent une grande partie de leur temps et de leur énergie à des clients de faible valeur, négligeant ainsi les opportunités offertes par les clients et prospects de grande valeur.

En résumé :

- Appliquez le principe de Pareto à votre gestion du temps en vente.
- Identifiez et concentrez-vous sur vos clients et prospects «A» de grande valeur.
- Gérez efficacement les clients «B» et «C», en leur accordant le temps et l'attention appropriés.
- Ne laissez pas les clients de faible valeur vous empêcher de maximiser votre potentiel de vente.

Pratiquez la procrastination créative

Vaincre la procrastination : la clé du succès en vente

La procrastination est sans doute le plus grand voleur de temps et d'opportunités. Elle nous empêche de nous attaquer aux tâches difficiles et cruciales de la vente, en particulier la prospection, en nous trouvant des excuses pour ne pas agir. Notre capacité à surmonter la procrastination détermine en grande partie notre réussite dans la vie. Si nous cédons constamment à cette tendance, nos chances de succès en vente, comme dans tout autre domaine, sont réduites à néant.

Il est important de reconnaître que tout le monde procrastine, qu'il s'agisse des vendeurs les plus performants ou des moins performants. La différence réside dans la nature des tâches qu'ils procrastinent. Les vendeurs performants procrastinent sur les tâches de faible valeur, tandis que les moins performants procrastinent sur les tâches les plus importantes.

Pour vous aider à combattre la procrastination, adoptez la stratégie de la «procrastination créative». Planifiez délibérément votre journée et décidez des tâches sur lesquelles vous vous autorisez à procrastiner. Une excellente façon de mettre en œuvre cette stratégie est de créer une «liste de choses à ne pas faire». Inscrivez-y toutes les activités que vous devez éviter tant que vous n'aurez pas terminé vos tâches les plus importantes et les plus urgentes.

Plus vous vous entraînerez à procrastiner sur des tâches de faible valeur, plus vous aurez tendance à vous concentrer naturellement sur les tâches les plus importantes tout au long de la journée.

> **En résumé :**
>
> - Reconnaissez que la procrastination est un obstacle à surmonter.
> - Identifiez les tâches de faible valeur et autorisez-vous à procrastiner sur celles-ci.
> - Créez une « liste de choses à ne pas faire » pour vous concentrer sur les tâches les plus importantes.
> - Pratiquez la procrastination créative pour optimiser votre productivité et votre réussite en vente.

En adoptant cette approche proactive, vous dominez la procrastination et maximisez vos chances de succès dans le domaine de la vente.

Votre description de poste

La mission d'un vendeur : créer et fidéliser une clientèle

La description de poste d'un vendeur s'aligne parfaitement avec l'objectif principal de toute entreprise : créer et fidéliser une clientèle. Votre rôle consiste à prospecter le marché pour identifier de nouveaux clients, les convertir en clients fidèles et leur offrir une expérience si exceptionnelle qu'ils deviennent des clients récurrents et des ambassadeurs de votre marque.

L'allocation idéale du temps d'un vendeur devrait se répartir comme suit : 80 % dédié à l'acquisition de nouveaux clients et 20 % à la fidélisation de la clientèle existante. Une étude menée à l'Université de Minneapolis a analysé le parcours professionnel typique de la plupart des vendeurs. Les chercheurs ont observé que les vendeurs démarrent généralement leur carrière lentement, puis connaissent une progression constante de leurs ventes avant d'atteindre un plateau et de voir leurs résultats stagner, voire diminuer.

L'explication réside dans le fait qu'en l'absence de nouveaux clients, les vendeurs ont tendance à privilégier le contact avec leur clientèle existante. Il leur semble plus facile de relancer d'anciens clients, pour diverses raisons, que de s'exposer au vent du rejet inhérent à la prospection de nouveaux clients.

Toutefois, répéter inlassablement les mêmes actions finit par créer des habitudes. Si vous vous habituez à contacter uniquement vos anciens clients, vous risquez de négliger l'acquisition de nouvelles affaires. Vous devenez plus à l'aise avec la routine du suivi des clients existants que de prendre le risque d'un refus en prospectant de nouveaux clients.

Pour contrer cette tendance naturelle, vous devez vous poser chaque minute de chaque journée la question suivante : «D'où viendra ma prochaine vente ?». C'est vers cet objectif que vous devez diriger vos efforts en permanence. Bien entendu, offrir un excellent service client est essentiel, mais cela doit se faire en parallèle de vos efforts de prospection et de développement commercial.

En résumé :

- Concentrez 80 % de vos efforts sur l'acquisition de nouveaux clients.
- N'oubliez pas de consacrer 20 % de votre temps à la fidélisation de votre clientèle existante.
- Combattez la tendance à privilégier le contact avec les anciens clients.
- Posez-vous régulièrement la question : «D'où viendra ma prochaine vente ?».
- Maintenez un équilibre entre le service client et le développement commercial.

En adoptant cette approche proactive, vous deviendrez un vendeur performant et contribuerez à la croissance durable de votre entreprise.

Les trois piliers du succès en vente : prospection, présentation et suivi

Le métier de vendeur repose sur trois activités essentielles : la prospection, la présentation et le suivi, qui mènent à la conclusion de la vente.

1. La prospection : remplir votre pipeline de vente

La prospection consiste à identifier en permanence de nouveaux clients potentiels afin de maintenir un pipeline de vente bien rempli. L'une des meilleures façons d'optimiser votre temps est de consacrer les 90 premières minutes de chaque journée à des activités de prospection. Durant cette période, évitez de consulter vos emails, de passer des appels téléphoniques personnels, de prendre du café ou de discuter avec vos collègues. Dès 8h30 ou 9h00 précises, concentrez-vous pleinement sur la recherche de nouveaux prospects pendant 90 minutes.

2. La présentation : convaincre et conclure

La présentation est l'étape clé où la vente se concrétise. La grande majorité (95%) des présentations commerciales peuvent être améliorées. Parfois, un simple ajustement dans votre approche peut se traduire par une augmentation significative de vos résultats de vente. Lors de la présentation, vous démontrez à vos clients que votre produit ou service constitue la solution idéale à leur problème ou besoin. Votre capacité à le faire détermine en grande partie votre niveau de revenus.

3. Le suivi : concrétiser la vente

Après une présentation efficace, il est crucial d'assurer le suivi et de finaliser la vente. En vente, le «putting» consiste à conclure la vente, à amener le client à accepter d'acheter et à obtenir une commande signée ou un contrat avec un paiement.

Appliquer le principe de Pareto

En suivant le principe de Pareto, il est recommandé de consacrer 80% de votre temps à la prospection et à la présentation, et seulement 20% au suivi. Il est important de ne pas mélanger ces étapes.

Évitez le piège des prospects indécis

Ne tombez pas dans le piège, fréquent chez les vendeurs (moi-même y compris il y a quelques années), de relancer continuellement des prospects qui n'ont pas encore pris de décision. Les prospects «indécis» vous font perdre du temps précieux, car vous avez tendance à leur consacrer de plus en plus d'efforts pour ne pas annuler le temps déjà investi.

Prioriser la prospection et la présentation

Restez concentré sur la prospection et la présentation. Au cours de vos activités de développement commercial, vous identifierez des moments opportuns pour effectuer le suivi auprès des clients qui n'ont pas encore répondu, d'une manière ou d'une autre.

> **En résumé :**
>
> • Consacrez 80% de votre temps à la prospection et à la présentation.
>
> • Réalisez vos activités de prospection dès le début de la journée.
>
> • Affinez vos techniques de présentation pour maximiser vos conversions.
>
> • Assurez un suivi efficace des prospects potentiels.
>
> • Évitez de vous attarder sur les prospects indécis.

En appliquant ces principes fondamentaux et en adoptant une approche disciplinée, vous optimiserez votre efficacité en vente et augmenterez considérablement vos chances de réussite.

Quand travaillez-vous ?

Le mythe des 90 minutes de travail : une réalité dérangeante pour les vendeurs

Des études menées par des responsables des ventes et du marketing ont cherché à déterminer le temps réel de travail d'un vendeur au cours d'une journée type. Une enquête de 1928, utilisant des chronomètres pour suivre les vendeurs, a révélé que le vendeur moyen ne travaillait qu'environ 90 minutes par jour, soit environ une heure et demie sur huit heures de travail. Le reste du temps était consacré à des activités au bureau, à des discussions avec des collègues, aux déjeuners et aux pauses café. (Aujourd'hui, il faudrait ajouter à cela le temps passé sur ordinateur, la consultation des emails et les déplacements.)

Malgré les formations intensives en gestion du temps, les discours motivants et les séminaires inspirants, et l'apprentissage des systèmes de gestion du temps les plus avancés, des études plus récentes menées à l'Université de Columbia ont confirmé que le vendeur moyen ne travaille toujours que 90 minutes par jour.

Face à ces chiffres, la plupart des vendeurs réfutent et affirment que cela ne s'applique pas à eux. Je leur pose alors la question suivante : «Combien d'heures travaillez-vous réellement par jour ?»

Le vrai travail d'un vendeur se résume à quatre activités clés : la prospection, la présentation, le suivi et la conclusion. Le temps passé à conduire pour se rendre à un rendez-vous, à boire du café, à consulter ses emails ou à déjeuner avec des amis ne compte pas. Il en va de même pour le temps passé au bureau à lire le journal ou à préparer du matériel de vente. Ces activités ne sont que des «exercices d'échauffement», elles ne font pas partie du cœur du métier.

Un vendeur ne travaille réellement que lorsqu'il est en face-à-face avec un prospect qualifié. C'est ce que l'on appelle le «temps en face-à-face». Tout autre activité, qu'elle soit verbale ou non, qui ne consiste pas à interagir directement avec un prospect potentiel et authentique n'est pas du travail. Il s'agit simplement d'une préparation, d'un échauffement, comme le fait un athlète avant et après la compétition elle-même.

> **En résumé :**
>
> - Le vendeur moyen ne travaille qu'environ 90 minutes par jour.
> - Le vrai travail d'un vendeur se résume à quatre activités clés : prospection, présentation, suivi et conclusion.
> - Le «temps en face-à-face» avec des prospects qualifiés est crucial pour la réussite d'un vendeur.
> - Toutes les autres activités ne sont que des «exercices d'échauffement» et ne contribuent pas directement à la vente.

En se concentrant sur le temps en face-à-face et en optimisant les activités de prospection, de présentation et de suivi, les vendeurs peuvent considérablement améliorer leur efficacité et booster leurs résultats.

Une expérience d'entreprise

Défier les mentalités : Augmenter les ventes en période de crise

En 2009, alors que la Grande Récession sévissait, j'ai été invité à donner une conférence à un conglomérat médiatique vendant des espaces publicitaires dans divers médias. Cette entreprise comptait plus de 200 commerciaux.

Le vice-président du marketing m'a révélé que l'entreprise s'attendait à une baisse des ventes d'environ 30% cette année-là. La raison ? Un marché en chute libre, des clients réduisant leurs budgets publicitaires et une économie en récession. Je lui ai alors lancé le défi suivant : «Pourquoi ne pas vous fixer comme objectif d'augmenter vos ventes de 30% au lieu de vous résigner à une baisse de 30% ?»

J'ai poursuivi en expliquant : «Après tout, vos vendeurs ne travaillent en moyenne que 90 minutes par jour, soit environ 20% de leur temps de travail. Si vous pouviez les amener à travailler 3 heures par jour, soit 40% de leur temps, vos ventes augmenteraient au lieu de diminuer.»

Le vice-président, intelligent et ouvert d'esprit, a reconnu l'intérêt de cette statistique, mais a soutenu qu'elle ne s'appliquait pas à ses vendeurs. Il a affirmé qu'ils étaient tous des professionnels expérimentés (plus de 10 ans d'ancienneté en moyenne) et qu'ils géraient leur temps de manière efficace et judicieuse chaque jour.

Néanmoins, nous avons convenu d'une stratégie. Nous avons décidé de distribuer des chronomètres à tous les participants au séminaire et de les encourager à suivre précisément le nombre exact de minutes passées en face-à-face avec les clients au cours d'une journée type, puis de communiquer ces chiffres à la direction à la fin du mois.

Le séminaire s'est déroulé sans encombre. J'ai présenté ces statistiques et ces chiffres aux commerciaux présents. Ils ont tous reçu leur chronomètre et ont accepté de déclarer le nombre exact de minutes par jour et par semaine passées en face-à-face avec les clients.

Environ six semaines plus tard, j'ai reçu un appel du vice-président. Un peu gêné, il m'a avoué que l'entreprise avait désormais compilé les rapports de ventes de tous ses vendeurs. Il a déclaré : «J'ai été stupéfait de constater, en additionnant tous les chiffres, que le vendeur moyen de notre entreprise travaillait en réalité 90 minutes et 42 secondes par jour.»

En résumé :

- Même les vendeurs expérimentés peuvent sous-estimer leur temps de travail réel.
- Le suivi précis du temps passé en face-à-face avec les clients peut révéler des opportunités d'amélioration.
- En augmentant le temps de vente effectif, les entreprises peuvent stimuler leurs ventes même dans des environnements économiques difficiles.
- Défier les mentalités et adopter des stratégies audacieuses peut mener à des résultats inattendus.

Cette anecdote met en lumière l'importance de remettre en question les hypothèses et de mesurer objectivement les performances. En adoptant une approche proactive et en encourageant l'utilisation efficace du temps, les entreprises peuvent surmonter les obstacles et atteindre une croissance inespérée, même dans des contextes économiques défavorables.

Le principe du procès-verbal

Le principe des minutes : la clé du succès en vente

Pour exceller dans le domaine de la vente, il est essentiel d'adopter le «principe des minutes» dans vos activités quotidiennes. Ce principe stipule que seules les minutes passées en face-à-face avec des prospects et des clients comptent comme temps de vente productif. En augmentant ce temps de face-à-face, vous augmentez inévitablement vos ventes et vos revenus.

La vente repose en grande partie sur la loi des probabilités, ou loi des moyennes. En augmentant simplement le nombre de minutes consacrées à la prospection et aux interactions clients, vous augmentez vos chances de conclure des ventes et d'accroître votre niveau de revenus.

Mesurer votre temps de vente réel

Pour optimiser votre efficacité, il est crucial de mesurer votre niveau actuel d'activité commerciale. Un chronomètre peut être un outil précieux pour vous aider à cumuler vos minutes de vente. Démarrez-le chaque fois que vous rencontrez un prospect ou un client et arrêtez-le lorsque l'interaction prend fin. À la fin d'une journée ou d'une semaine, vous aurez une image précise du temps réellement «travaillé». (Les résultats peuvent vous surprendre !)

Augmenter votre temps de face-à-face de manière progressive

Fixez-vous comme objectif d'augmenter le nombre de minutes passées avec les clients de 10 % par semaine en moyenne. Si votre moyenne actuelle est de 90 minutes par jour, visez 100 minutes la semaine suivante. Continuez à augmenter progressivement ce nombre : 110 minutes, 120, 135, 150, 165, jusqu'à atteindre 180 minutes par semaine, soit le double de votre moyenne initiale, en sept semaines.

Des résultats tangibles et reproductibles

Tous les vendeurs qui ont mis en œuvre cette stratégie ont doublé leurs revenus en deux mois. En réorganisant leur temps de manière efficace, de nombreux vendeurs ont pu doubler leur nombre de minutes de face-à-face en une seule semaine, entraînant une augmentation similaire de leurs revenus.

Témoignages et preuves à l'appui

Lors de mes séminaires, des vendeurs me confient souvent : «Je n'avais jamais réalisé à quel point il était facile de doubler mes revenus avant d'entendre parler de ce principe. Et cela fonctionne à chaque fois !»

Conclusion : un investissement rentable

En consacrant des efforts à augmenter votre temps de face-à-face avec les clients, tout en continuant à développer vos connaissances et vos compétences en vente, vous observerez une augmentation significative de vos résultats de vente et de vos revenus. Il n'est pas rare que des vendeurs, même dans des contextes économiques difficiles, doublent leurs revenus en trente jours seulement en appliquant ces stratégies simples.

Le principe des minutes : une clé essentielle pour débloquer votre plein potentiel en tant que vendeur.

Doubler ou tripler vos ventes : la stratégie du face-à-face intensif

La clé pour doubler ou tripler vos ventes réside dans une stratégie simple : doubler ou tripler le nombre de minutes passées en face-à-face avec des prospects qualifiés. Pour y parvenir, il est essentiel de planifier efficacement votre travail de vente en optimisant vos déplacements.

Réduire les temps de déplacement en regroupant vos appels

Au lieu de disperser vos appels à travers de vastes zones géographiques, regroupez-les dans une zone géographique précise. Cette approche vous permet de voir plus de prospects en moins de temps, réduisant considérablement les temps de trajet improductifs.

Vaincre la peur du rejet et optimiser votre itinéraire

La peur du rejet peut pousser certains vendeurs à planifier leurs appels à de grandes distances les uns des autres, consacrant ainsi une grande partie de leur journée à la route. Les vendeurs les plus performants, en revanche, divisent leur territoire de vente en quadrants et se concentrent sur un quadrant spécifique chaque jour. Ils planifient leurs rendez-vous en fonction de la disponibilité des clients dans le quadrant ciblé.

Commencez tôt pour maximiser vos opportunités

En démarrant votre journée de travail plus tôt, vous augmentez vos chances de rencontrer des prospects disponibles. N'hésitez pas à planifier vos premiers appels avant 7h ou 8h du matin. Souvent, les prospects les plus prometteurs ne sont pas disponibles pendant les heures de bureau classiques, mais sont plus accessibles tôt le matin ou en soirée.

En résumé :

- Doubler ou tripler le temps passé en face-à-face avec des prospects qualifiés est la clé pour booster vos ventes.
- Optimisez vos déplacements en regroupant vos appels dans une zone géographique spécifique.
- Ne laissez pas la peur du rejet vous freiner : planifiez vos appels de manière stratégique.
- Commencez votre journée de travail plus tôt pour rencontrer des prospects disponibles.
- N'hésitez pas à prospecter en dehors des heures de bureau classiques.

En adoptant ces stratégies simples et en privilégiant les interactions en face-à-face, vous maximiserez vos chances de réussite et propulserez vos ventes vers de nouveaux sommets.

Organiser des petits-déjeuners

Le petit-déjeuner : un brise-glace inattendu pour conquérir vos prospects

Lorsqu'un prospect est indisponible pour un rendez-vous classique, surprenez-le en lui proposant un petit-déjeuner dans un restaurant proche de son bureau ou de son lieu d'affaires. Notre expérience démontre que si les gens sont souvent pris pour le déjeuner, ils sont généralement plus disponibles pour un petit-déjeuner. En effet, cette proposition inattendue les ravira et les intriguera, car peu de vendeurs y pensent.

Créer une connexion authentique en évitant les sujets professionnels

Lors de ce petit-déjeuner matinal, environ une heure avant le début de sa journée de travail, évitez délibérément d'aborder des sujets professionnels. Privilégiez plutôt les questions personnelles et générales. Intéressez-vous à l'actualité de l'entreprise de votre prospect, à l'impact de l'économie sur son activité et ses ventes. Gardez-vous de parler de votre produit ou service. L'objectif principal de ce petit-déjeuner est d'établir une relation de confiance et de créer un lien amical avec votre prospect.

Laissez le prospect venir à vous

Très souvent, à la fin du petit-déjeuner, c'est votre prospect qui, séduit par cette approche originale et cette connexion authentique, vous proposera de fixer un rendez-vous au bureau pour discuter de votre produit ou service, même si vous n'en avez jamais parlé auparavant.

En résumé :

- Le petit-déjeuner est un moment souvent sous-estimé pour prospecter.

- Proposer un petit-déjeuner démontre votre originalité et crée la surprise.

- Privilégiez une conversation amicale et évitez les sujets professionnels.

- L'objectif est d'établir une relation de confiance et de susciter l'intérêt du prospect.

- Laissez le prospect venir à vous pour parler affaires.

En adoptant cette approche conviviale et inattendue, vous vous démarquerez des autres vendeurs et augmenterez considérablement vos chances de convertir vos prospects en clients.

Rappelle plus tard

Persistance et suivi : transformer un petit-déjeuner en opportunité

Si votre prospect ne propose pas de fixer un rendez-vous ultérieur après le petit-déjeuner, ne vous découragez pas. Rappelez-le quelques jours plus tard. Exprimez-lui votre gratitude pour le petit-déjeuner et mentionnez que vous avez des idées qui pourraient améliorer considérablement son activité ou sa vie personnelle. Demandez-lui ensuite de vous accorder quelques minutes pour partager ces idées lors d'une réunion.

Une stratégie efficace pour les meilleurs vendeurs

L'approche consistant à appeler tôt le matin et/ou à inviter des prospects à des petits-déjeuners de travail est plébiscitée par certains des vendeurs les mieux rémunérés au monde. Elle leur permet de rencontrer des personnes qui seraient autrement inaccessibles et d'établir des relations commerciales qui seraient autrement difficiles à nouer.

> **En résumé :**
>
> - Même si le prospect ne propose pas de rendez-vous immédiat, maintenez le contact.
> - Exprimez votre gratitude et mentionnez des idées potentiellement bénéfiques.
> - Demandez un court rendez-vous pour partager vos idées en détail.
> - Cette stratégie permet d'accéder à des prospects difficiles à joindre et de bâtir des relations durables.

Travailler une heure plus tard

Augmenter votre temps de vente : travailler plus tard et rencontrer les décideurs après les heures de travail

Pour maximiser votre temps de vente, envisagez de travailler une heure de plus chaque jour. Proposez des rendez-vous avec les décideurs après les heures de travail. En effet, vous constaterez que les propriétaires d'entreprises et les cadres supérieurs ont souvent des horaires de travail plus étendus que leurs employés. Ils peuvent être indisponibles pendant la journée classique, mais plus accessibles en fin d'après-midi, après 17h ou 18h.

Rencontres informelles pour tisser des liens et susciter l'intérêt

Il peut arriver que votre prospect vous propose de vous retrouver pour un verre après le travail. Acceptez volontiers. Cependant, lors de cette rencontre informelle, évitez absolument d'aborder votre produit ou service. Considérez ce moment comme une opportunité purement sociale. Profitez-en pour développer une relation amicale, établir des liens de confiance et créer un climat favorable.

Transformer une rencontre sociale en opportunité commerciale

Très souvent, après avoir passé trente à soixante minutes ensemble dans une ambiance conviviale en fin de journée, votre prospect vous proposera naturellement de fixer un rendez-vous à son bureau pour discuter de votre produit ou service en détail. Vous aurez ainsi créé les conditions idéales pour une présentation commerciale efficace.

En résumé :

- Travaillez une heure de plus par jour pour augmenter vos opportunités de rendez-vous.
- Ciblez les décideurs après les heures de travail.
- Profitez des rencontres informelles pour tisser des liens et susciter l'intérêt.
- Transformez ces moments de convivialité en opportunités commerciales.

Contrôlez vos activités

La vente : un jeu de probabilités où l'activité prime sur le résultat

En matière de vente, il est impossible de prédire avec certitude d'où viendra la prochaine vente. Les décisions d'achat des clients sont influencées par une multitude de facteurs, certains liés à vous et à votre produit, d'autres indépendants de votre volonté.

Par conséquent, il est crucial de concentrer vos efforts sur ce que vous pouvez contrôler : vos activités de vente quotidiennes. Vous avez le pouvoir de gérer votre temps et vos actions entre 8h et 18h. En maîtrisant ces aspects, qui relèvent entièrement de votre contrôle, vous influencez indirectement vos résultats de vente, eux-mêmes moins directement sous votre influence.

Activités contrôlables, résultats influencés

Les activités de vente sont par nature contrôlables, contrairement aux ventes elles-mêmes. En adoptant certaines actions, vous augmentez les probabilités de conclure des ventes. Appliquez la loi des moyennes à votre travail de vente : la quantité et la fréquence de vos contacts déterminent en grande partie la qualité et le volume de vos résultats commerciaux. En prospectant et en rencontrant plus de personnes, vous multipliez les opportunités de réaliser des présentations de qualité, vous développez vos compétences et, par conséquent, vous boostez vos ventes et vos revenus. C'est une question de logique et de probabilités, et cela relève entièrement de votre contrôle.

La gestion du temps : un outil pour optimiser vos résultats

L'une des définitions les plus justes de la gestion du temps est «le contrôle de la séquence des événements». En matière de gestion du temps, établir des priorités vous permet de décider de l'ordre de vos tâches, de ce que vous faites en premier, en second, et de ce que vous choisissez de ne pas faire. Vous avez toujours la liberté de choisir la séquence des événements dans votre vie professionnelle. Et en choisissant la bonne séquence, en priorisant les tâches les plus importantes, vous contrôlez indirectement votre niveau de ventes et vos revenus.

> **En résumé :**
>
> - Concentrez-vous sur ce que vous pouvez contrôler : vos activités de vente.
> - Augmentez la quantité et la fréquence de vos contacts pour multiplier les opportunités.
> - Appliquez la loi des moyennes : plus d'actions = plus de résultats.
> - Maîtrisez votre temps et fixez des priorités pour optimiser vos efforts.
> - N'oubliez pas que vos activités influencent vos résultats, même si ces derniers ne sont pas entièrement sous votre contrôle.

Rester sur la bonne voie

La vente : une question d'efficacité et de concentration sur les résultats

En matière de vente, la question clé de la gestion du temps est : **« Est-ce que ce que je fais en ce moment me rapproche d'une vente ? »**. Si votre activité actuelle n'a aucun lien direct avec une vente potentielle, interrompez-la immédiatement. N'oubliez pas que lorsque vous travaillez pour un salaire fixe, vous êtes payé pour votre présence. En revanche, dans la vente, vous êtes rémunéré uniquement sur vos résultats. Votre objectif n'est pas de « jouer gentiment» avec vos collègues, mais bien de conclure des ventes. Votre concentration totale doit être orientée vers cet objectif.

Plus vous prospectez, plus vous vendez, plus vous progressez

En vente, plus vous rencontrez de personnes, plus vous vous perfectionnez. Chaque interaction vous apporte de l'expérience et vous permet d'accroître vos compétences. C'est un apprentissage continu qui se déroule au quotidien.

L'augmentation de votre niveau d'activité commerciale stimule également votre énergie. Plus vous prospectez et interagissez avec des clients potentiels, plus vous conclurez de ventes. Ce succès croissant vous motivera à redoubler d'efforts et à multiplier vos opportunités. Votre carrière entre ainsi dans une spirale ascendante de réussite, jour après jour.

Quatre questions clés pour rester concentré et efficace

Pour maintenir votre concentration et vous assurer que vous êtes sur la bonne voie, posez-vous régulièrement ces quatre questions tout au long de la journée :

1. Quelles sont mes activités à plus forte valeur ajoutée ?

La réponse est simple : vos activités les plus importantes et les plus précieuses sont la prospection, la présentation, le suivi et la conclusion de la vente. Vous devriez consacrer 80 % de votre temps à ces tâches chaque jour.

2. Pourquoi suis-je sur la liste de paie ?

Imaginez que votre enfant vous pose la question : «Maman/Papa, pourquoi te paient-ils de l'argent là où tu travailles ?».

Que répondriez-vous ? En toute honnêteté, vous devriez dire : «Ils me paient pour faire des ventes. Mon revenu dépend du nombre de ventes que je réalise et du montant de chaque vente.». Se poser cette question et y répondre vous permettra de rester concentré sur votre objectif principal.

3. Que puis-je faire, et moi seul, qui, si c'est bien fait, fera une réelle différence ?

C'est une question essentielle pour votre gestion personnelle. Chaque jour et à chaque heure de la journée, il y a des tâches que vous seul pouvez accomplir. Si vous ne les faites pas, personne d'autre ne le fera. Si vous accomplissez ces tâches avec excellence, elles auront un impact positif significatif sur vous et votre avenir. Cela peut inclure la prospection et la recherche de nouveaux clients potentiels, l'amélioration de vos connaissances et de vos compétences en vente, ou encore la planification de votre journée et l'optimisation de votre temps.

4. Quelle est l'utilisation la plus précieuse de mon temps en ce moment ?

C'est la question fondamentale de la gestion du temps. Tous les livres et études sur le sujet visent à vous aider à identifier votre tâche la plus importante, puis à vous organiser pour la démarrer et la terminer avant de passer à autre chose. Quelle que soit votre réponse à cette question, assurez-vous que vous accordez toute votre attention à cette tâche prioritaire avant de vous consacrer à autre chose.

Devenez un expert en gestion du temps

Investissez dans votre développement personnel en lisant des livres, en écoutant des programmes audio et en suivant des cours ou des ateliers sur la gestion du temps. La qualité de votre gestion du temps détermine en grande partie la qualité de votre vie.

Optimisez votre temps et éliminez les distractions

Ne gaspillez pas votre précieux temps. Éloignez-vous des personnes qui vous font perdre du temps. Sortez du bureau et restez concentré sur vos objectifs. Prenez des déjeuners rapides et buvez votre café sur le pouce.

Décision et engagement pour le succès

Du début de votre journée de travail jusqu'à sa fin, prenez la décision de travailler avec une efficacité maximale. Cette décision, à elle seule, vous permettra de devenir l'un des vendeurs les plus performants et les mieux rémunérés de votre domaine dans un délai très court.

En adoptant une approche proactive, en vous concentrant sur les actions à forte valeur ajoutée et en tirant parti des principes de la gestion du temps, vous prendrez le contrôle de votre destin commercial et multiplierez vos chances de réussite.

Le grand revirement

L'histoire d'une équipe commerciale transformée par un nouveau directeur : focus sur le client et action

Il était une fois une branche commerciale d'une entreprise du Fortune 500 qui était tristement célèbre pour sa performance médiocre. Année après année, elle se classait dernière sur 2 000 bureaux en termes de productivité et de ventes, malgré son emplacement dans une grande ville dynamique.

Face à cette situation désespérée, l'entreprise a décidé de faire appel à un directeur commercial réputé de la côte ouest pour redresser la barre, bien que ses prédécesseurs aient tous échoué dans cette mission. Le nouveau directeur a convoqué une réunion de vente pour le lundi matin à 8h00, annonçant à tous les vendeurs son arrivée imminente.

Lundi matin, à l'heure prévue, les vendeurs ont fait leur entrée, traînant des pieds et bavardant autour de leur café. Vers 8h15, la majorité de l'équipe était présente.

Le nouveau directeur s'est présenté à chacun d'entre eux, après avoir mémorisé leurs noms, et a lancé la réunion. Il a débuté par une question simple : «Que ne voyez-vous pas dans ce bureau ?». Les vendeurs, perplexes, ne comprenaient pas sa référence. Il a ensuite clarifié : «Vous ne voyez aucun client dans ce bureau. Votre métier est de prospecter et de vendre. Par conséquent, s'il n'y a pas de clients ici, vous n'avez pas votre place non plus.».

Sur ces paroles, il s'est levé et a annoncé la fin de la réunion. «Je veux que tout le monde quitte le bureau et contacte des clients pour le reste de la journée», a-t-il ordonné avec fermeté mais politesse. Il les a ensuite conduits hors du bureau, dans le couloir et jusqu'à l'ascenseur.

Les vendeurs étaient sous le choc. Ils avaient l'habitude de passer la première moitié du lundi à parler de leurs week-ends et des matchs sportifs du dimanche. Maintenant, sans préavis, ils se retrouvaient dans le hall de l'immeuble, livrés à eux-mêmes. Que faire ?

Certains ont proposé d'aller finir leur café en face, tandis que d'autres, plus motivés, ont décidé de commencer à prospecter immédiatement.

Le lendemain, lors de la réunion de vente de 8h00, ils ont découvert que leurs bureaux et chaises avaient disparu. Il n'y avait plus d'endroit où s'asseoir. Le directeur commercial a animé la réunion debout en déclarant : «Comme il n'y a pas de clients dans ce bureau et que votre travail consiste à les rencontrer, j'ai vendu tous les meubles car vous n'en aurez plus besoin. Des bureaux et des chaises ont été installés dans quelques petits bureaux pour recevoir les clients éventuels, mais à part cela, je vous attends dehors pour prospecter toute la journée. Bonne journée !».

La réunion terminée, il est resté là, attendant que tout le monde parte et se mette au travail.

Sur les trente-deux vendeurs de l'équipe, dix ont refusé de se plier à ce nouveau régime et ont démissionné pour trouver des emplois sans doute plus faciles. Les vingt-deux restants ont retroussé leurs manches et ont commencé à visiter des clients, concluant vente après vente. Plus ils vendaient, plus ils devenaient positifs et motivés.

En six mois, cette branche a commencé à remonter la pente dans le classement des ventes. À la fin de l'année, elle se classait 1 000ème sur 2 000. Deux ans plus tard, elle figurait dans le top 10 et, au bout de trois ans, elle était devenue la branche commerciale numéro un au monde pour cette entreprise du Fortune 500.

La raison de ce succès fulgurant était simple. Le directeur commercial, devenu une star du secteur, avait appliqué une formule on ne peut plus simple : obliger les vendeurs à sortir et à rencontrer les clients en face-à-face tout au long de la journée. Le reste suivrait naturellement. Et c'est précisément ce qui s'est produit.

En résumé:

- **L'importance d'une focalisation client absolue :** le succès commercial dépend avant tout de la capacité à comprendre et répondre aux besoins des clients.

- **L'action et la persévérance :** les résultats ne tombent pas du ciel, ils découlent d'un travail acharné et d'une persévérance face aux obstacles.

- **Un leadership inspirant et directif :** un bon leader sait motiver son équipe, fixer des objectifs clairs et prendre des décisions

Vous déterminez votre propre succès

Prenez les rênes de votre succès: Devenez le PDG de votre propre entreprise de vente

Imaginez-vous à la tête de votre propre société de vente, une entreprise unique où l'employé, c'est vous. Vous êtes responsable de la vente d'un produit hors pair : vos services et votre expertise. Vos revenus sont directement liés à vos résultats, à votre capacité à conclure des ventes.

N'attendez pas qu'on vous donne le feu vert. Prenez les choses en main ! Décidez de consacrer du temps chaque jour à la rencontre en face-à-face avec vos clients potentiels. Faites de cette pratique une habitude, intégrez-la à votre routine jusqu'à ce qu'elle devienne automatique et naturelle.

En vous concentrant sur la réalisation de ventes et en adoptant une approche proactive, vous vous hisserez rapidement parmi les meilleurs vendeurs de votre génération.

Les listes de contrôle : des alliées puissantes pour booster la productivité des commerciaux

Dans son ouvrage de référence «The Checklist Manifesto», Atul Gawande démontre comment les experts dans tous les domaines s'appuient sur les listes de contrôle pour maîtriser des tâches complexes. Ingénieurs, médecins, pilotes–tous ces professionnels utilisent des listes de contrôle pour minimiser les erreurs, optimiser leur productivité et accroître leur efficacité.

Les commerciaux, eux aussi, peuvent tirer un grand profit de cet outil de gestion du temps éprouvé.

Cinq listes de contrôle pour une organisation optimale

Commencez par créer cinq listes de contrôle distinctes, couvrant différentes échéances :

- Actions annuelles
- Actions trimestrielles
- Actions mensuelles
- Actions hebdomadaires
- Tâches quotidiennes

Ensuite, utilisez votre liste de contrôle annuelle comme base pour élaborer votre liste trimestrielle. Répétez ce processus pour créer votre liste hebdomadaire, puis vos listes quotidiennes pour chaque jour ouvrable.

Un suivi rigoureux pour des résultats concrets

Respectez scrupuleusement vos listes de contrôle, en particulier les tâches quotidiennes. En restant concentré sur vos objectifs jour après jour, vous constaterez une augmentation significative de votre productivité et une réduction notable de votre stress.

Planification et organisation : les clés du succès

Les listes de contrôle ne se contentent pas de structurer votre travail, elles vous permettent également d'élaborer un plan d'action clair et efficace. Considérez-les comme l'un des outils de gestion du temps les plus puissants à votre disposition.

En résumé :

- Adoptez les listes de contrôle pour maîtriser les tâches complexes et optimiser votre temps.
- Créez cinq listes de contrôle distinctes, couvrant différentes échéances.
- Suivez rigoureusement vos listes de contrôle, en particulier les tâches quotidiennes.
- Utilisez les listes de contrôle pour planifier votre travail et élaborer un plan d'action efficace.

EXERCICES

Voici maintenant quelques questions clés pour vous aider à définir des actions pour maîtriser votre temps et votre vie commerciale :

- Quels sont les trois déterminants les plus importants de vos revenus ?
- Quels sont les trois avantages de devenir excellent dans vos domaines de résultats clés en matière de vente ?
- Dans quels trois domaines d'activité devez-vous appliquer la règle des 80/20 à vos activités de vente actuelles ?
- Quelles sont les trois choses les plus importantes que vous faites et qui déterminent combien d'argent vous gagnez ?
- Quelles sont les trois choses les plus importantes que vous pouvez faire chaque jour pour maximiser vos ventes et vos revenus ?
- Quels sont les trois moments de la journée où vous travaillez réellement ?
- Quelles sont les trois choses que vous pouvez changer dans votre travail de vente pour augmenter le temps que vous passez à travailler chaque jour ?

Enfin, quelle action allez-vous entreprendre immédiatement grâce à ce que vous avez appris dans ce chapitre ?

ÉPILOGUE

LES SEPT SECRETS DU SUCCÈS DE LA VENTE

Exploitez votre plein potentiel pour multiplier vos revenus par deux ou trois

Imaginez : vous avez le pouvoir de doubler, voire tripler vos revenus dès aujourd'hui. Ce n'est pas un rêve inaccessible. De nombreux individus qui vous surpassent aujourd'hui étaient autrefois derrière vous. En suivant leurs traces et en adoptant les bonnes stratégies, vous pouvez gravir les échelons et devenir un des meilleurs vendeurs de votre domaine.

7 clés pour booster vos résultats de vente

Engagez-vous pleinement vers l'excellence : Aspirez au sommet et visez à faire partie des 10 % des meilleurs dans votre domaine. Tout compromis avec la médiocrité vous éloigne du succès. Lorsque vous décidez d'exceller dans la vente et de devenir un leader dans votre profession, votre vie se transforme et vous vous engagez sur la voie du succès.

Identifiez la compétence clé qui propulsera votre réussite : Déterminez quelle compétence, si vous la maîtrisez et la mettez en pratique avec excellence, pourrait doubler vos ventes et vos revenus. Écrivez-la, établissez un plan d›action pour l›acquérir et commencez dès aujourd›hui, étape par étape, à la perfectionner. Il ne vous manque peut-être qu›une seule compétence pour doubler vos revenus. Une fois que vous l›aurez maîtrisée (ce qui est certain si vous persévérez), posez-vous à nouveau la question : «Quelle compétence me permettrait d›augmenter encore plus mes revenus

?». Définissez cette nouvelle compétence comme objectif, élaborez un plan pour l'acquérir et mettez-vous à l'œuvre.

Faites de vous-même un projet d'amélioration continue : Tout au long de votre carrière, investissez dans votre développement personnel en vous concentrant sur la compétence qui vous apportera le plus de valeur à un moment donné.

Entourez-vous des bonnes personnes : Choisissez vos fréquentations avec soin. «Dans cinq ans, vous serez la même personne qu'aujourd'hui, à l'exception des livres que vous lisez et des personnes que vous rencontrez», disait Charlie Jones. Les personnes positives attirent d'autres personnes positives. Les gagnants s'associent aux gagnants. Lorsque vous adoptez une mentalité positive et que vous croyez pleinement en vous-même et en votre potentiel, vous commencez à attirer dans votre vie des personnes qui partagent vos pensées et vos sentiments.

Décidez de vivre une vie longue et saine : Prenez soin de votre santé physique. Décidez aujourd'hui que vous vivrez jusqu'à 90 ans ou plus. Analysez vos habitudes de santé actuelles et posez-vous la question : «Quelle habitude de santé, si je l'adoptais, améliorerait le plus mon niveau de forme physique et d'énergie aujourd'hui ?». Déterminez votre poids idéal et établissez un plan pour l'atteindre et le maintenir pour le reste de votre vie. Définissez le niveau de forme physique et d'énergie que vous souhaitez avoir et commencez à pratiquer une activité physique régulière pour vous sentir bien dans votre peau. N'oubliez pas cet homme de 100 ans interrogé par un journaliste sur son ressenti à cet âge. Il a répondu : «Si j'avais su que j'allais vivre aussi longtemps, j'aurais pris beaucoup plus soin de moi.». Votre mission est de prendre soin de vous dès aujourd'hui pour vivre une vie longue et épanouissante.

Pratiquez la visualisation créative : Imaginez-vous constamment comme le meilleur dans votre domaine. N'oubliez pas que la personne que vous «voyez» est la personne que vous «deviendrez». Toute amélioration dans votre vie commence par une amélioration de votre image mentale de vous-même. Lorsque vous vous visualisez et vous percevez comme calme, confiant, positif et prospère, votre subconscient accepte cette image comme un ordre et façonne votre comportement extérieur pour qu'il soit cohérent avec votre image intérieure.

Adoptez un discours intérieur positif : Parlez-vous de manière positive. Maîtrisez votre dialogue interne. Vos émotions sont en grande partie déterminées par la façon dont vous vous parlez tout au long de la journée. Les psychologues appellent cela votre «style explicatif». Le défi est que si vous ne vous parlez pas délibérément de manière positive, vous penserez automatiquement à des choses qui vous rendent anxieux ou tristes. Au lieu de laisser cela se produire, dites-vous des choses positives, comme :

- «Je m'aime !»
- «Je suis le meilleur !»
- «J'aime mon travail !»
- «Je peux le faire !»
- «Chaque jour, dans tous les domaines, je vais de mieux en mieux.»

Les mots les plus puissants sont ceux que vous vous dites et que vous croyez. Lorsque vous répétez ces messages positifs, encore et encore, vous les programmez de plus en plus profondément dans votre subconscient jusqu'à ce que vos actions, vos paroles, vos pensées et vos sentiments soient en parfaite adéquation avec ces affirmations.

Passez à l'action et persévérez : Ayez une attitude positive et orientée vers l'action. Lancez-vous, restez occupé, bougez et développez un sentiment d'urgence. Le point commun à toutes les personnes qui réussissent dans tous les domaines est leur orientation intense vers l'action. Elles sont en mouvement constant et croient en la maxime «Faire, réparer, essayer !».

Plus vous avancez vite, plus vous couvrez de terrain et rencontrez de personnes, ce qui se traduit par plus de ventes et de revenus. Plus vous gagnez d'argent, plus vous êtes motivé pour voir encore plus de monde et réaliser encore plus de ventes.

Répétez-vous constamment ces mots magiques : «Je le fais maintenant ! Je le fais maintenant ! Je le fais maintenant !» jusqu'à ce qu'ils soient ancrés dans votre esprit et vos émotions. Comme le disait Albert Einstein : «**Rien ne se produit tant que quelque chose ne bouge pas**». Votre mission est d'être en mouvement. Assurez-vous d'être la personne la plus active de votre équipe commerciale.

En conclusion, c'est un moment idéal pour être un excellent vendeur. En devenant un leader dans votre domaine, vous aurez toujours le contrôle de votre présent et de votre avenir, ainsi que la capacité de gagner confortablement votre vie et celle de votre famille. Prenez les rênes de votre destin et lancez-vous !

Table des matières

INTRODUCTION :	003
Chapitre 01 : LA PSYCHOLOGIE DE LA VENTE	013
Chapitre 02 : PLANIFICATION PERSONNELLE DES VENTES	031
Chapitre 03 : LE POUVOIR DE PROSPECTION	061
Chapitre 04 : VENTE RELATIONNELLE	103
Chapitre 05 : VENDRE DE MANIÈRE CONSULTATIVE	137
Chapitre 06 : IDENTIFIER AVEC PRÉCISION LES BESOINS	155
Chapitre 07 : INFLUENCER LE COMPORTEMENT DU CLIENT	173
Chapitre 08 : FAIRE DES PRÉSENTATIONS PERSUASIVES	199
Chapitre 09 : SURMONTER LES OBJECTIONS	223
Chapitre 10 : CLÔTURE DE LA VENTE	249
Chapitre 11 : OBTENIR DES REVENTES ET DES RÉFÉRENCES	281
Chapitre 12 : GESTION DU TEMPS POUR LES PROFESSIONNELS DE LA VENTE	307
ÉPILOGUE :	337

www.ingramcontent.com/pod-product-compliance
Lightning Source LLC
Chambersburg PA
CBHW050047230526
45470CB00004B/1438